Der Fotograf **Reinhard Eisele** lebt in Walchensee und damit mitten in Oberbayern. Es war ihm eine besondere Freude, seine Heimat mit eigenen Bildern vorzustellen.

Für den Autor **Jochen Müssig** aus München liegt das Oberbayern dieses DuMont Bildatlas direkt vor der Haustür. Er kennt die Region daher seit Jahren von vielen Ausflügen.

Liebe Leserinnen, liebe Leser!

Fast jeder von uns hat „Lieblingsplätze", an die er trotz aller Neugier auf Neues immer wieder gern zurückkehrt. Für mich gehört der Ammersee dazu. Nur der Gedanke an lange Sommertage am See weckt schon ein leichtes Sehnsuchtsgefühl. Zwar geht es hier deutlich provinzieller als am Starnberger See zu, unser Autor Jochen Müssig spricht gar vom „Bauernsee", aber ich finde, das macht gerade den Reiz aus. Dießen am Westufer des Sees hat ein herrliches See-Schwimmbad mit altem Baumbestand, Tage könnte ich hier verbringen und nur die hübsche Szenerie auf mich wirken lassen.

Traumhafte Seen, ...

Und am Abend? Ebenfalls am Westufer des Ammersees gibt es ein einsam gelegenes Restaurant mit wunderschöner Seeterrasse (und guter französisch inspirierter Küche). Dort zu sitzen, das Schilf rauschen zu hören und auf den See zu schauen, etwas Besseres kann ich mir kaum denken. Diese herrliche Adresse hat Jochen Müssig vermutlich noch nicht entdeckt – oder will sie für sich behalten –, falls Sie aber dennoch mehr wissen wollen, schauen Sie nach unter www.seehaus.de.

... herrliche Berge und grüne Täler

Nach einem solchen Abend kann man dann ausgeruht in den nächsten Tag starten. Und dann geht es natürlich in die Berge. Wenn Sie schon auf der Zugspitze waren, den Wendelstein bereits erklommen haben, wie wäre es dann mit einem Abstecher in die Jachenau (s. S. 46). Hiervon wiederum hat mir Jochen Müssig begeistert erzählt. „Einzigartig einsam" sei es dort, das 21. Jahrhundert scheint das auf 800 m Höhe gelegene Tal einfach noch nicht erreicht zu haben ... Beim Lesen dieses DuMont Bildatlas werden Sie auf viele weitere, teilweise ganz persönliche, Tipps stoßen, die Ihnen ein einzigartiges Stück Bayern näherbringen.
Viel Spaß bei Ihren Entdeckungen!
Herzlich Ihre

Birgit Borowski
Programmleiterin DuMont Bildatlas

DuMont Aktiv

DuMont Thema

DuMont Thema

Titelthemen

Fünf-Seen-Land 96–111
Tegernsee & Inntal 20–37
Pfaffenwinkel 82–95
Das Blaue Land 52–65
Tölzer Land & Isarwinkel 38–51
Werdenfelser Land 66–81
1
2
3
4
5
6
7
8
9
10
MÜNCHEN
AUGSBURG
INNSBRUCK
ÖSTERREICH
Freising
Dachau
Landsberg a.L.
Starnberg
Weilheim i.OB.
Murnau a.St.
Garmisch-Partenkirchen
Bad Tölz
Rosenheim
Kufstein
Wörgl
Schwaz
Hall i.T.
Telfs
Imst
Füssen
Kaufbeuren
Penzberg
Wolfratshsn.
Holzkchn.
Miesbach
Tegernsee
Bad Aibling
Wasserburg a.Inn
Erding
Fürstenfeldbruck
Germering
Gauting
Peißenberg
Peiting
Schongau
Marktoberdorf
Bad Wörishofen
Mittenwald
Maßstab 1:650.000

Topziele

Die bedeutendsten Sehenswürdigkeiten und Ereignisse, die keinesfalls versäumt werden sollten, haben wir auf dieser Seite zusammengestellt. Auf den Infoseiten sind sie jeweils als ▶**TOPZIEL** *gekennzeichnet.*

AKTIV

1 *Ziel für Wasserratten*
Der Staffelsee ist als wärmster der oberbayerischen Seen ideal zum Baden.
Seite 63

2 *Höchster Punkt Deutschlands*
Die Zugspitze ist der perfekte Gipfel – bequem mit Bergbahnen zu erklimmen oder zu Fuß als erlebnisreiche Wanderung.
Seite 79

ERLEBEN

3 *Spiel zu Ehren eines Höheren*
Oberammergau bietet biblischem Geschehen eine eindrucksvolle Bühne.
Seite 64

4 *Besuch des Heiligen Bergs*
Kloster Andechs ist ein vollendetes Ziel für Leib und Seele gleichermaßen.
Seite 110

KULTUR

5 *Idyllische Flussschleife*
Wasserburgs Altstadt hat sich sein mittelalterliches Bild erhalten können.
Seite 35

6 *Reise in die Vergangenheit*
In Glentleiten blieb die bäuerliche Vergangenheit Oberbayerns lebendig.
Seite 64

7 *Königliche Phantasien*
Die Stein gewordenen Träume Ludwigs sind immer in herrlicher Umgebung zu finden – Linderhof, das Jagdhaus am Schachen und Neuschwanstein.
Seite 65, 80 und 95

8 *Ein Stück Himmel auf Erden*
Mit der Wieskirche ist barocken Künstlern ein überragenden Glaubenswerk gelungen.
Seite 94

NATUR

9 *Bayerisches Ferienglück*
Ein Wiesseer Seespaziergang oder eine kleine Radtour ist ein guter Einstieg in die Tegernseer Urlaubswelt.
Seite 36

10 *Vom König geschätzt*
Ludwig II. konnte sich am Walchensee kaum sattsehen. Unverändert gilt: Er ist einer der schönsten Alpenseen.
Seite 50

WO DIE BERGE RUFEN

Die meisten Besucher verbinden mit Oberbayern schroffe Höhen, zumindest eben Berge. Dabei wird die Region weitgehend vom eher sanft-hügeligen Voralpenland geprägt. Doch es gibt natürlich auch die markanten alpinen Panoramen wie diesen Blick auf das Wettersteingebirge mit Alpspitze, Zugspitze und Waxenstein.

UNTERWEGS MIT GIPFELSTÜRMERN

Wer möchte sie nicht genießen, die Weitsicht hoch über den Niederungen des Alltags. Doch allein ist man dabei schon lange nicht mehr, wie dieser Klettersteig im Karwendelgebirge zeigt. Je beeindruckender der Gipfel, umso sicherer erschließen ihn sogenannte Aufstiegshilfen, dank derer sich niemand mehr für majestätische Blicke schinden muss.

BRAUCHTUM NICHT NUR FÜR TOURISTEN

Traditionen sind in Bayern – und besonders in Oberbayern – fester Bestandteil des Lebens und ernst genommene Substanz vieler Trachten- und Brauchtumsvereine. Dazu gehören farbenfrohe Prozessionen nicht nur an Fronleichnam, für Nichtbayern oftmals exotisch wirkende Tanzveranstaltungen und eben auch Almabtriebe wie jener von der Kreuther Königsalm.

BAROCKE SINNESFREUDE NOCH IM KLEINSTEN DORF

Kaum eine andere Region Deutschlands hat eine vergleichbare Fülle kunstvoller Barockkirchen und -klöster wie Oberbayern. Weit über dessen Grenzen hinaus herausragend waren seinerzeit die Wessobrunner Künstler, deren Meisterwerk die Wieskirche bei Steingaden darstellt, auf ewig verbunden mit den Namen der Brüder Johann Baptist und Dominikus Zimmermann. Die Unesco zögerte nicht, dieses einmalige Bauwerk 1983 in seine Welterbeliste aufzunehmen und damit weltweit bekannt zu machen.

IN DER MASS VEREINT

Biergärten haben eine zentrale Bedeutung in Bayern. Sobald es das Wetter zulässt, sind sie Gute Stube, Nachrichtenbörse und Ort der Entspannung zugleich. Unvorstellbar ohne die goldgelbe Flüssigkeit in den Maßkrügen, um deren Qualität sich besonders die Klöster verdient gemacht haben – besonders die Bierbrauer von Andechs.

FREIZEITPARADIESE ALS EISZEITLICHES ERBE

Eiszeitliche Schmelzwasser bildeten einst die großen Seen Oberbayerns, die heute begeistert genutzte Wassersportgefilde sind. Starnberger- und Ammersee gehören dazu, aber auch unzählige kleinere Gewässer, die teilweise zu mittlerweile weitgehen geschützten Mooren – Moose und Filze auf bayerisch – wurden oder sogar gänzlich verlandet sind.

Mehr Bayern geht nicht

Egal, ob auf der Autobahn 8 ankommend oder angekommen auf der Alm: Das Tegernseer Tal und seine umliegenden Berge, der Schliersee und der Spitzingsee, Bayrischzell und der Wendelstein formen eine Art Bilderbuch-Oberbayern. So manches Klischee straft einen dabei nicht einmal mit Lügen. Selbst die Weltwirtschaftskrise scheint hier an imaginären Grenzen haltzumachen. Denn in der Tegernsee-Region geht es Deutschland nicht nur gut, sondern mächtig prächtig.

Den Paraglidern auf dem Wallberg liegt der Tegernsee zu Füßen

Herbstlicher Blick vom Leeberg auf Rottach-Egern

Zwei Möglichkeiten den See zu genießen: auf einem der Ausflugsschiffe oder auf der Terrasse des „Herzoglichen Brauhauses" im Ort Tegernsee

Eigentlich geht es immer am Ufer entlang: Radler in Bad Wiessee

Das „Hotel Bayern" im Jugendstil-"Sengerschloss" vereint hier geschätzte repräsentative Architektur mit einer nicht weniger bevorzugten herrlichen Lage über dem Tegernsee

Der englische Schriftsteller D. H. Lawrence notierte 1929 bei seinem Besuch am Tegernsee: „Everybody here is extraordinarily nice!" – Jeder hier ist außergewöhnlich nett!

Lago di Bonzen ist kein schöner Begriff. Der Tegernsee wird trotzdem so genannt. Mal hämisch, mal neidisch, mal despektierlich. Lago di Bonzen ist eine Reaktion in Worten. Auf Ruhe und Reichtum. Auf Gelassenheit und Gemütlichkeit. Auf Schönheit und Sauberkeit. Auf Perfektion. Alles ist genau dort, wo es hingehört, ist sozusagen rottach-egerisiert: Papierschnipsel sind im Mülleimer, Geldscheine bei der Dorfbank. Der Wohlstandsbauch steckt in die Lederhose. Der Hut nebst Gamsbart liegt in der Ablage des 7er BMW.

Wie der Herr so's G'scherr, sagt man in Bayern. Also gibt sich der Tegernsee wie aus dem Bilderbuch. Als seien die umgebenden Berge, Wälder und Wiesen eigens für ihn nach Maß angefertigt und bemalt worden. Selbstredend zählt er zu den saubersten Seen Europas, denn schon vor 50 Jahren wurde eine Ringkanalisation geschaffen, die erste dieser Art weltweit übrigens.

Daher ist es nicht verwunderlich, dass dieser Lago di Bonzen als eine der besten Adressen Deutschlands gilt, für viele bekannte und noch mehr unbekannte Reiche – Marke Goldrandbrille mit Vorstandsblond in teurem Loden. Unter den wohlhabendsten Gemeinden der Republik rangiert Rottach-Egern auf dem siebten Platz. Laut GfK-Marktforschung stehen den Bürgern am Südufer des Tegernsees mit einer Kaufkraft von jährlich 29 546 Euro pro Kopf rund 12 000 Euro mehr zur Verfügung als dem Durchschnittsdeutschen. Neben Prominenten wie dem Präsidenten von Bayern München, Uli Hoeneß, dem Gründer der Metro-Handelskette, Otto Beisheim, und dem ehemaligen DDR-Staatssekretär Alexander Schalck-Golodkowski wohnen Ärzte und Zahnärzte, Geschäftsführer und Vorstände, Millionäre und Milliardäre im Tegernseer Tal. Keiner von ihnen ist daran interessiert, einen Promi-Treff aus See und Tal zu machen. Anders als auf der Insel Sylt oder im nahen tirolerischen Kitzbühel, ist man am Tegernsee gern unter sich. 900 Zweitwohnsitze gibt es in Rottach-Egern mit seinen gerade mal 5500 Einwohnern. Karolin Troubetzkoy zum Beispiel ist Hotelbesitzerin von einem der schönsten Resorts in der Karibik. Sie hat eine Kunstgalerie und „vor etwa zwei Jahren einen BMW hier für den Tegernsee bestellt". Der See ist ihre Heimat, ihre Aufladestation, falls der St.-Lucia-Akku mal zur Neige geht. Doch das schöne Auto für den schönen See hat sie noch nicht abgeholt. „Das muss ich jetzt endlich mal machen, bevor ein neues Modell rauskommt", sagt sie und fügt ganz ernst hinzu: „Aber ich bin wirklich noch nicht dazu gekommen …"

„Goaßlschnalzer" lassen es auch am Rottach-Egerner Rosstag Ende August knallen

Die ehemaligen Tegernseer Klosterbauten dienen heute als Wittelsbacherschloss, als Gymnasium, als Pfarrkirche und einer ausgedehnten Gastlichkeit

Wer gern eine Tegernseer Tracht hätte, geht in Rottach-Egern zu „Greif"

Natürlich gehört zum „Gasthaus Altes Bad" in Kreuth auch ein zünftiger Biergarten, in dem Herzoglich Bayerisches ausgeschänkt wird

Wildbad Kreuth ist mehr für derbe Wortmeldungen bekannt als für seine Kurvergangenheit

Special BERGGASTHOF

Insel alter Zeit

Massive Holztische, Jagdtrophäen, alte Fotografien, und die Wirtin brutzelt am Kachelofen Bratwürste, denn Braten gibt's nur am Sonntag.

Die „Trift-Hütt'n" ist eine 1859 erbaute Niederalm. Zunächst diente die Hütte Flößern als Unterkunft. Die trifteten auf der Weissach Baumstämme zum Tegernsee. 110 Jahre später wurde die Hütte zur Pensionsalm, wo Bauern ihr Jungvieh, das für die Hochalmen noch zu klein war, in Pension gaben. Dankesurkunden für zehn bis 25 Sommer fürs „Annehmvieh", so die Wirtin Marianne Tremea, hängen an den Wänden. Seit 1995 wird die Hütte, wie man sie sonst nur oberhalb von 1500 Metern findet, auch als Wirtshaus genutzt. Würste werden aufgetragen, der Radiosprecher kündigt „Reif für die Insel" an. Und wie auf einer Insel der guten alten Zeit ist's, wenn man es sich in der „Trift-Hütt'n" gemütlich macht.

Wer hätte solche Probleme nicht gerne? Und dazu eines dieser Traumanwesen in den exklusiven Lagen von Rottach, im sonnigen Leeberg oberhalb der Gemeinde Tegernsee oder im idyllischen Bad Wiesseer Ortsteil Abwinkl. Immobilien mit Seeblick kosten um 5000 Euro pro Quadratmeter. Für exponierte Lagen direkt am See gibt es unter sieben Millionen Euro kaum einen Besitzerwechsel mehr. Die Immobilien-Fachleute sehen denn auch die Wirtschafts- und Immobilienkrise am Tegernsee vorbeiziehen, wie ein Gewitter, das sich hinter den Bergen entlädt.

Benedikt ist ihr Ehrenmitglied. Selbst auf dem Flohmarkt kann es schon mal hochkarätig zur Sache gehen, etwa wenn Herzogin Elisabeth in Bayern ihren Speicher aufräumt und Kurioses oder Wertvolles für einen guten Zweck verkauft.

Der Ort Tegernsee trägt nicht nur den Namen des Sees, weil als erster besiedelt, sondern steht auch in Sachen Glamour nicht hinten an. Zumal sich dort scheinbar auch beste Geschäfte machen lassen. So begann 1986 in Tegernsee die Hexal-Story. Die Brüder Strüngmann machten aus einem Büro, Telexgerät mit Lochstreifen und einer Idee einen Pharmakonzern, der keine 20 Jahre später an der Börse mehr als fünf Milliarden Euro wert war.

„Zart besaitet samma net!"

Tegernseer Biergartenphilosoph

EIN ORT FÜR GOLDHÄNDCHEN

Im Tegernseer Tal steht vor allem Rottach-Egern für Society. Wenn der Ex-Präsident der Sowjetunion, Michail Gorbatschow, seine Tochter Irina besucht, kehrt er häufig bei „Gabriele" ein. Chefkoch Gabriele Feliciani hat auch schon den jetzigen Papst Benedikt XVI. mit seiner Cucina italiana beglückt. Und als dieser zuletzt am Münchner Flughafen ankam, begrüßten ihn die Tegernseer Gebirgsschützen, was kein Zufall war –

Bad Wiessee hingegen ist ein Platz für Best und Golden Ager. Manche drehen den Spieß um und sagen: Wiessee leidet unter diesem Image, hat er doch ernstzunehmende heilende Quellen vorzuweisen, darunter Deutschlands stärkste Jodschwefelquelle. Ab 1904 wurde zunächst nach Erdöl ge-

Vorbei an der kleinen Kapelle am Grat geht es hinauf zum Gipfel der Brecherspitze. Am Weg bietet die Ehard-Alm Gelegenheit zur Rast. Bequemer „erstürmt" man den Wendelstein mit Bayerns ältester Zahnradbahn von Brannenburg aus. Seit 1889 krönt das Wendelsteinkircherl die Schwaiger Wand etwa 100 Meter unterhalb des Gipfels

sucht. Gefunden und bis zu einer Million Liter pro Jahr gefördert wurde Petroleum. Erst 1909 brachte Bohrloch III unerwartet die Jod- und Schwefelquelle zum Sprudeln.

Wo modernste Kur- und Wellness-Einrichtungen für Wohlergehen sorgen, ist in der Regel ein Casino nicht weit. Die Kleiderordnung schreibt in Bad Wiessee für den Herrn zwar nur Sakko und Hemd vor, doch der architektonisch ansprechende Bau verspricht in seinem Herzen exklusive Unterhaltung: an grünen Roulettetischen mit stilvoll im Smoking gewandeten Croupiers und faites votre jeux! Beim Roulette, Black Jack oder Baccara freuen sich ältere Herrschaften über 20 Euro Gewinn, ärgern sich nach 40 Euro Verlust. Aber manchmal hängt beim Großen Spiel am Plus oder Minus auch noch die eine oder andere Null dran ...

Glockengeläut zeigt dem Wanderer, dass der Aufstieg zur Alm fast geschafft ist.

Doch halt! Nicht nur am Casino in Wiessee oder an der Seepromenade von Rottach parkt zwischen all den Cayennes und anderen teuren SUV schon mal ein Skoda-Kombi oder Hybridauto. Neben dem Lodengeschäft gibt es mittlerweile einen Bioladen, neben dem Banker in Rente den Studenten mit Visionen, und beim Seefest in Rottach-Egern kommt der VIP in Edel- und der Bauer in traditioneller Tracht. Die Leute legen schließlich Wert aufs Brauchtum. Tourismus gibt es am Tegernsee seit 1817, als die Wittelsbacher erstmals zur Jagd und Erholung kamen. Zwischen allen Show-, Wirtschafts- und Politgrößen tummeln sich jahrein, jahraus normale Familien beim Schwimmen oder Skifahren. Längst stellen die Urlauber zumindest temporär die Mehrheit. Nur die Mischung aus Einheimischen, Zugereisten und Urlaubern scheint nicht homogen zu sein, nicht perfekt, einfach

Blick auf Wasserburg mit der Innbrücke und dem Brucktor, dem Turm der Pfarrkirche St. Jakob und der treppengiebeligen Burganlage des 16. Jahrhunderts

Das Luftbild zeigt Wasserburgs Lage in einer Innschleife

Rosenheims Max-Josefs-Platz umgeben gemütliche Lauben

Der Rosenheimer Max-Josefs-Platz wird von gastlichen Stätten gesäumt

Wasserburg lässt sich gern „die Schöne" nennen – auch wegen der vielen Jünger der „schönen" Künste in seinem Mauerrund.

nicht richtig rottach-egerisiert, auch wenn es in den Dorfkircherl Gottes Segen für alle gibt.

ORT VIELFÄLTIGER KLAUSUREN

Ein paar Kilometer südlich kickt der FC Real Kreuth und tagt die CSU. Durch ihre alljährlichen Klausurtagungen und besonders durch den von Franz Josef Strauß betriebenen Kreuther Trennungsbeschluss kam Wildbad Kreuth mit seinem Tagungszentrum 1976 zu bundesweiter Bekanntheit.

Der Schliersee ist ebenfalls deutschlandweit bekannt. Wie im genau 300 Meter höher gelegenen und nahezu unberührten Spitzingsee gehen dort die Uhren jedoch gemächlicher als am aufgetakelten Tegernsee. Die Rotwand, der Rosskopf und weiter östlich der Wendelstein, Bayrischzell und das gerne von Münchnern frequentierte Sudelfeld gelten als wunderbare Wander- und Wintersportgebiete, in denen auch so mancher vom Tegernseer Tal seiner Pfade geht und seine Schwünge zieht. Der Schlierseer Doppel-Skiolympiasieger Markus Wasmeier kennt auf den dortigen Pisten jede Mulde. Erstmalig in Deutschland initiierte er in seinem Heimatort ein lebendes Museumsdorf. Nix Lago di Bonzen, nix Starkult: Der heimat- und traditionsbewusste Sportler hatte einfach nur die simple Idee, ein Bauerndorf mit mehrere Jahrhunderte alten Höfen zum Leben zu erwecken. Sie werden heute entsprechend überlieferten bäuerlichen Traditionen bewohnt und bewirtschaftet. „Wir holen so das tägliche Leben vergangener Zeiten aus der Mottenkiste," sagt Wasmeier und flaxt in vollendetem Bayrisch hinterher: „So wissts, dass a Kuah net lila is!"

Die Gegend kennt aber noch einen Star. Dass im Jahr 1076 Bayrischzell von der Gemahlin des Pfalzgrafen Otto II. gegründet wurde, weiß kaum jemand. Dass aber in der Nacht zum 26. Juni 2006 JJ1 in der Nähe der Rotwand im Gemeindebereich Bayrischzell aus 150 Meter Entfernung erschossen wurde, haben nur wenige vergessen. Der Bruno genannte Braunbär war tagelang Aufmacher und Liebling in allen Gazetten vom Wattenmeer bis zum Wendelstein. Er kam aus Südtirol, streifte unbehelligt durch Österreich und galt ausgerechnet in Oberbayern als so gefährlich, dass er getötet wurde …

GASTRONOMISCHE ERKUNDUNGEN AM TEGERNSEE

Aller guten Dinge sind drei

Kulinarische Meisterleistungen sind seit wenigen Jahren spürbar im Vormarsch am Tegernsee. Die Spitzenköche fahren für sich und ihre Restaurants Sterne, Hauben, Kochlöffel, Bestecke und Punkte ein. Die gutbürgerlich-bayerische Küche und traditionelle Biergartenkultur ergänzen das Gastronomieangebot zum feinen Gesamtbild.

„Tegernseer Bachsaibling auf seinem Lieblingsstein", ein Gericht von Christian Jürgens „Gourmetrestaurant Überfahrt", und ein rustikaler Brotzeitteller im „Herzoglichen Bräustüberl"

Ein Mann aus dem westfälischen Unna sitzt spät abends, wenn der Trubel vorbei ist, öfters mal allein auf dem Bänkchen neben der Schiffsanlegestelle „Überfahrt". Er schnauft durch, genießt die klare Luft, schaut entspannt auf die Silhouetten der Berge und darüber in die Sterne. Manchmal sinniert er auch: „Der Tegernsee ist aus seinem Dornröschenschlaf erwacht". Der Mann heißt Christian Jürgens, Zwei-Sterne-Koch des „Gourmetrestaurants Überfahrt" in Rottach-Egern. Er ist der gastronomische Star am See. „Die Chancen stehen nicht einmal schlecht, dass wir hier vielleicht ein neues Baiersbronn werden." Die Schwarzwald-Gemeinde gilt als das kulinarische Mekka Deutschlands mit zwei Drei-Sterne-Tempeln, einem Ein-Stern-Restaurant und einem hochwertigen und breitgefächerten Gasthof-Angebot.

Jürgens kam im August 2008 an den Tegernsee und holte seine schon auf der „Burg Wernberg" in der Oberpfalz erkochten zwei Michelin-Sterne nach nur drei Monaten auch für die „Überfahrt". „Ich bin noch nicht satt", sagt er, „und wir kochen hier wie eine Fußballmannschaft, die mit fünf Stürmern und ohne Libero spielt." Sein Chef gibt grünes Licht: „Aller guten Dinge sind drei", meint dazu Patron Thomas Althoff. Für ihn zelebrieren andernorts schon zwei Drei-Sterne-Köche kulinarische Höchstleistungen.

Ortswechsel. Mittagszeit in Kreuth: Im Ofen brutzelt der Klassiker der bayerischen Küche, ein Schweinebraten. Nach zweieinhalb Stunden ist das gute Stück fertig. Dann wird serviert: im urigen Biergarten vor der über Jahrhunderte unveränderten Kapelle

Mittags gibt es bodenständig-bayerische Gerichte, am Abend gehobene, doch nicht abgehobene Küche.

des idyllisch gelegenen Gasthauses „Altes Bad". Axel Winkelmanns Philosophie: „Mittags bieten wir bodenständig-bayerische Gerichte und am Abend gehobene, aber nicht abgehobene Küche." So fing es auch in Baiersbronn an. Absolute Spitzenköche wie Christian Jürgens und Michael Fell – ein

Was wäre Oberbayern ohne Schweinshaxe – hier im „Herzoglichen Bräustüberl“

Zweieinhalb Stunden braucht ein Schweinebraten im Ofen, um bayerischen Ansprüchen zu genügen.

Michelin-Stern für die „Villa am See“ in Tegernsee – gehen vorneweg und heben damit beinah automatisch das kulinarische Niveau, weil viele nachziehen, ohne dabei gleich auf Austern, Jakobsmuscheln und Kaviar zu setzen. „Schweinebraten, Gulasch, Rindsrouladen und andere traditionelle Gerichte sind für jeden Koch die Basis“, bestätigt Christian Jürgens, dessen Lieblingsgericht ein gutes Wiener Schnitzel ist. Seine „Überfahrt“-Karte verspricht dagegen Kreationen vom frisch gefangenen Saibling aus dem Tegernsee in der exotischen Variante „Peru trifft Rottach“. Selbst Show-Gastronomie à la Ferran Adrià, dem Mitgründer der Molekularküche, hält der 41-jährige Jürgens für denkbar am Tegernsee. „Aber man müsste wohl einen langen Atem haben.“ Er setzt da lieber auf seinen Weg mit allerbesten Produkten, raffinierter Zubereitung, exquisitem Ambiente und auf eine Kundschaft, „die nicht an den Tisch starrt, an dem gerade ein Prominenter Platz genommen hat“.

Letzteres kann auch mal in einem lauschigen Biergarten passieren, in guten alten Wirtshäusern wie dem „Herzoglichen Bräustüberl“ in Tegernsee oder in dem guten Dutzend Restaurants mit gehobener regionaler Küche. Dazu gehören die besternte „Dichterstub'n“, „Meiwerts Fährhütte“ und die „Kirschner-Stuben“ in Rottach-Egern, das „Freihaus Brenner“ in Bad Wiessee, im Ort Tegernsee das „Restaurant TegernSeh“ und der „Leeberghof“ mit seinem Logenplatz hoch über dem See. Bewirtschaftete Almen runden das gastronomische Angebot der Region auf wunderbar rustikale Weise ab. Alles zusammen lässt darauf schließen, dass der kulinarische Höhenflug der Tegernsee-Region noch länger anhält. Und vielleicht sitzt der Mann aus Unna dann bald mit drei Sternen dekoriert unterm bayerischen Himmelszelt auf seinem Bänkchen neben der Schiffsanlegestelle „Überfahrt“. Und vielleicht denkt er auch mal über das „Klimakochbuch“ des Bund für Umwelt und Naturschutz nach. 500 Gramm Fisch aus Peru schlagen durch den Flugtransport schließlich mit rund sechs Kilogramm Kohlendioxid-Belastung ins Gewicht. Eine Fischkreation „Amrum trifft Rottach“ wäre da keine schlechte Alternative ...

ADRESSEN

Dichterstub'n, *Aribostraße 19, Rottach-Egern, Tel. 0 80 22/66 60, www.egerner-hoefe.de*
Gabriele Ristorante, *Ulrich-Stöckl-Straße 10, Tel. 0 80 22/66 22 40, www.gabriele-ristorante.de*
Kirschner-Stuben, *Seestraße 23a, Rottach-Egern, Tel. 0 80 22/27 39 39, www.kirschner-stuben.de*
Meiwerts Fährhütte, *Weißachdamm 50, Rottach-Egern, Tel. 0 80 22/18 82 20, www.maiwertsfaehrhuette.de*
Restaurant TegernSeh, *Neureuthstraße 23, Tegernsee, Tel. 0 80 22/18 20, www.hotel-bayern.de*
Gourmetrestaurant Überfahrt, *Überfahrtstraße 10, Rottach-Egern, Tel. 0 80 22/66 90, www.gourmetrestaurant-ueberfahrt.com*
Villa am See, *Schwaighoferstraße 53, Tegernsee, Tel. 0 80 22/18 77 00, www.villa-am-see-tegernsee.de*
Weitere Adressen s. Seite 37

Schwammerl – hochdeutsch Pilze – mit Knödeln
sind ein echter Klassiker der bayerischen Küche

EBERSBERG
WASSERBURG
01
GRAFING bei München
Zorneding
Grasbrunn
Kirchseeon
Höhenkirchen-Siegertsbrunn
Moosach
Glonn
Aying
Aßling
Emmering
Edling
Pfaffing
Griesstätt
Rott
Vogtareuth
Tuntenhausen
Schechen
Söchtering
02
Feldkirchen-Westerham
Valley
Bruckmühl
Bad Aibling
Kolbermoor
ROSENHEIM
Großkarolinenfeld
Stephanskirchen
Riedering
Weyarn
Warngau
Irschenberg
MIESBACH
Bad Feilnbach
Raubling
Rohrdorf
Neubeuern
Samerberg
Gmund am Tegernsee
Hausham
Schliersee
Fischbachau
Brannenburg
Nußdorf am Inn
Flintsbach
05
04
Bad Wiessee
TEGERNSEE
Rottach-Egern
Wendelstein
Bayrischzell
03
Oberaudorf
Kiefersfelden
Kreuth
06
Deutsche Alpenstraße
Mangfallgebirge
Sisi-Straße
Maßstab 1:200.000
0 2 4km
Ursprungpass
Wildbad-Kreuth

Wenn die Natur zaubert, ...

... kann eine Prachtregion wie das Tegernseer Tal dabei herauskommen. Was Urlauber zu schätzen wissen – der See mit seinen Ortschaften und umliegenden Bergen ist einer der Hauptanziehungspunkte in Oberbayern. Neben Ausflügen in die unmittelbare Umgebung lohnt auch eine Fahrt entlang der Mangfall nach Rosenheim und weiter am Inn über Rott bis Wasserburg in seiner berühmten Flussschleife.

01 WASSERBURG AM INN

Im 15. Jh. erlebte die Innstadt (13000 Einw.) ihre größte Blütezeit. Als Bayernherzog Albrecht IV. 1504 das hiesige Salzstapelmonopol zu Gunsten Rosenheims entzog, setzte wirtschaftlicher Niedergang ein. Der historische spätgotische Altstadtkern mit engen Gässchen, bunten Fassaden und gewölbten Laubengängen bietet viele Cafés, gemütliche Gaststätten, interessante Galerien und kulturelles Leben.

Sehenswert

In die **Altstadt** ▶TOPZIEL auf der Halbinsel gelangt man über die Innbrücke und das massive **Brucktor** (1470) mit Wandmalereien von 1568. Die Bruckgasse führt zum Marienplatz. Das spätgotische **Rathaus** dort (1457) zeigt in der Ratsstube u.a. eine geschnitzte Holzdecke (Führungen Mai–Sept. Di.–So. 10.00, 11.00, 14.00, 15.00 und 16.00, sonst Sa. und So. 10.00 und 11.00 Uhr). Für die Rokokofassade des **Kernhauses** (1738–1740, Marienplatz; heute Hotel), eines alten Patrizierhauses, zeichnet Johann Baptist Zimmermann verantwortlich. Spätgotisch ist die den Ort dominierende Hallenkirche **St. Jakob** (1410–1478); eine prachtvolle Renaissance-Kanzel (1635) der Brüder Zürn sowie ein „Lebensbaum" (1460) an der südöstlichen Chorwand sind sehenswert. In der **Frauenkirche** (um 1325) ist am Hochaltar die „Schöne Madonna" (1430) zu sehen, eine selten liebliche Madonnen-Darstellung.

Museum

Kunst- und kunstgeschichtliche Sammlungen zeigt das **Städtische Museum** im Heimathaus (Herrengasse 15; Mai–Sept. Di.–So. 13.00 bis 17.00, sonst Di.–So. 13.00–16.00 Uhr). Über 500 Repliken berühmter Gemälde vom Mittelalter bis ins 20.Jh. lernt man im **Ersten Imaginären Museum** kennen (Bruckgasse 2; Mai–Sept. Di. bis So. 13.00–17.00, sonst Di.–So. 13.00 bis 16.00 Uhr, 24. Dez. bis Jan. geschl.).

Veranstaltungen

Klassische **Konzerte** finden im Rathaussaal statt. Weltgrößter seiner Art ist der **Taubenmarkt** (1. Febr.-So.). **Wasserburg leuchtet** im Sept.

Aktivitäten

Inn-Rundfahrten werden ab der Schiffsanlegestelle an der Inn-Brücke veranstaltet (ca. 45 Min.; Fahrten abhängig vom Wasserstand, Anmeldung unter Tel. 08071/4793). Das **Badria** ist ein Bade-, Sport- und Freizeitzentrum (Alkorstraße 14, www.badria. de; tgl. 9.00 bis 21.00 Uhr). Von der „Schönen Aussicht" (ca. ¼ Std. Gehzeit vom Marienplatz) am Kellerberg genießt man am östl. Inn-Ufer einen herrlichen **Blick auf das Stadtbild**.

Herrengasse in Wasserburg am Inn

Umgebung

Die ehem. Klosterkirche in **Rott am Inn** (11 km südl.) gilt als ein wesentliches Werk des bayerischen Rokoko, gern in einem Atemzug mit der Wieskirche genannt. Hervorzuheben ist das Fresko in der Hauptkuppel – die Geschichte des Benediktinerordens. In der Vorhalle steht das prunkvolle Grab des Stifters Kuno von Rott.

Information

Gäste-Information, Rathaus,
83512 Wasserburg am Inn, Tel. 08071/10522,
Fax 08071/10521, www.wasserburg.de

02 ROSENHEIM

Rosenheim ist die kulturelle und wirtschaftliche Metropole Ostoberbayerns am Schnittpunkt großer Hauptverkehrsachsen. Die kreisfreie Stadt (60000 Einw.) mit der Rose im Wappen konnte sich im Altstadtkern Gemütlichkeit bewahren. Salzhandel auf dem Inn brachte im 15. Jh. Wohlstand. Heute hat die Stadt (Stadtrecht 1864) durch mittelständische Unternehmen und Ausbildungs- und Forschungsstätten in Sachen Holz und Holztechnik sowie eine Holzbörse internationales Renommee.

Sehenswert

In der **Altstadt** rings um den **Max-Josefs-Platz** (Fußgängerzone) trifft man die typischen Inntal-Häuser (15. und 16. Jh.) mit Arkaden und schmalen Fronten, darunter das Fortnerhaus mit Rokokofassade. Als einzig erhaltenes Stadttor beherbergt das **Mittertor** (14. Jh.) das Städtische Museum. Die neugotische Stadtpfarrkirche **St. Nikolaus** ist mit ihrem Zwiebelturm Wahrzeichen. Nach einem verheerenden Brand Mitte des 18. Jh. wurde die Spitalkirche **St. Josef** neu errichtet. Aus barocker Zeit blieb die **Rossackerkapelle** (am Rossacker) nahe dem Brauhaus. Das **Rathaus** wurde 1858 uspr. als Bahnhof errichtet.

Museen

In der 1988 zum Museum umgewidmeten Lokomotivenremise, dem **Lokschuppen**, finden bemerkenswerte Ausstellungen statt (Rathausstraße 24, Tel. 08031/3659036, www.lokschuppen.de). Im ehem. Bruckbaustadel residiert das **Inn-Museum** (Innstraße 74; April bis Okt. Fr. 9.00–12.00, Sa. und So. 10.00–16.00 Uhr). Das **Städtische Museum** führt durch die lokale Geschichte (Ludwigsplatz 26; Di.–Sa. 10.00–17.00 Uhr, jeden 1., 3. und 5. So. im Monat 13.00–17.00 Uhr, Fei. geschl.).

Information

Touristik-Information, Kufsteiner Straße 4,
83022 Rosenheim, Tel. 08031/3659061,
Fax 08031/3659060, www.touristinfo-rosenheim.de

03 BAYRISCHZELL

Eine Wintersportgemeinde, wie sie im Buche steht: gemütlich und überschaubar. Aber auch im Sommer hat der im 11. Jh. aus einer Klostersiedlung entstandene Luftkurort (1600 Einw.) bei Wanderern und Motorradfahrern beste Referenzen.

Sehenswert

Der Ferienort um seine barocke Pfarrkirche aus dem 18. Jh. liegt im Schatten des **Wendelsteins** (1838 m; Wendelsteinbahn, Tel. 08034/3080, www.wendelsteinbahn.de); rundum gibt es etwa 50 bewirtschaftete Almen. Die **Sudelfeldstraße** mit ihren 16% lieben Biker mit und ohne Motor gleichermaßen, während das Obere Sudelfeld mit 20 Liften und 30 km Pisten ein gutes Skigebiet ist (€€ **Gasthof Sudelfeld,** Unteres Sudelfeld 4, 83735 Bayrischzell, Tel. 08023/81990, Fax 08023/8199190, www.berghotel-sudelfeld.de). 95 m stürzt der **Tatzelwurm-Wasserfall** des Auerbachs in die Tiefe.

Information

Tourist-Information, Kirchplatz 2,
83735 Bayrischzell, Tel. 08023/648,
Fax 08023/1034, www.bayrischzell.de

Infos

04 SCHLIERSEE

785 m hoch gelegen, gilt das gut 2 km² große Gewässer als Badesee mit bester Wasserqualität. Gleichnamig der Markt, ein bekannter, aber noch ruhiger Urlaubs- und Wintersportort.

Sehenswert

Einen schönen **Blick** auf den Ort mit seiner barocken Pfarrkirche und den See hat man von der **St.-Georgs-Kirche** (14. Jh.) auf dem Weinberg und vom 1256 m hohen **Schliersberg** mit seinem Hotel, der per Seilbahn zu erreichen ist (Schliersbergalm, 83727 Schliersee, Tel. 0 80 26/67 23, Fax 0 80 26/66 85, www.schliersbergalm.de). Das Inselchen Wörth ist in privater Hand, doch wer im dortigen **Wirtshaus im See** einen Tisch reserviert hat, wird vom Steg am Kurpark in Schliersee abgeholt (Tel. 0 80 26/9 29 95 88, www.wirtshaus-im-see.de). Ansonsten lohnt sich eine Inselumrundung mit dem Ruderboot.

Museum

Altbayrisch-bauerliches Leben zeigt Markus Wasmeiers **Bauernhofmuseum** (Breitensteinstraße 14d, Tel. 0 80 26/92 92 20, www.wasmeier.de; April–Nov. Di.–So. 9.00–17.00 Uhr).

Umgebung

Über 1000 m hoch gelegen, knapp 34 ha groß und selbst im Hochsommer kühl, dafür mit Trinkwasserqualität: Der **Spitzingsee** ist bei Wanderern und Wintersportlern gleichermaßen beliebt. Schöne Aussichten genießt man vom 1128 m hohen Spitzingsattel und von der Rotwand mit 1884 m, erreichbar mit der Taubenstein-Seilbahn.

Information

Gäste-Information, Perfallstraße 4, 83727 Schliersee, Tel. 08026/6 06 50 Fax 08026/60 65 20, www.schliersee.de

05 TEGERNSEE

Die reizvolle Lage mit zum Süden hin aufragenden Bergen, seine überschaubare Größe von knapp 9 km², liebenswerte Ortschaften, die Wander-, Wasser- und Wintersportmöglichkeiten machen die Region zu einem idealen Platz, um abzuschalten, zu genießen, Kraft zu tanken oder aktiv zu sein.

Sehenswert

Trotz des einzigen Segelklubs am See blieb **Gmund** (6100 Einw.) bodenständig. Altbundeskanzler Ludwig Erhard (1897–1977) war hier zu Hause und liegt auf dem Bergfriedhof begraben. Das ehem. Benediktinerkloster **Tegernsee** (1803 säkularisiert) markiert den Siedlungsbeginn 746 am See; es wurde zur königlich-bayerischen Sommerresidenz umgebaut. Die urspr. Klosterkirche stammt im Kern aus dem 11. Jh.; sehenswert sind Johann Georg Asams Fresken, des Vaters des in Tegernsee getauften Egid Quirin Asam, und Leo von Klenzes Fassade. Das Südostufer des Sees ist besonders sonnenreich – die Sonnenterrasse des Tals. Tegernsees (4000 Einw.) Häuser sind fein herausgeputzt, das Rathaus repräsentativ und die Geschäfte ansprechend.

Das schmale Südufer dominiert **Rottach-Egern** (5500 Einw.) mit Stil und Eleganz. Maler, Dichter und Komponisten ließen sich vom heutigen Doppelort inspirieren. Auf dem Friedhof von St. Laurentius (15. Jh.) liegen Ludwig Thoma und Ludwig Ganghofer. Im Malerwinkel, eigentlich Egerner Bucht, saßen Künstler am Seeufer und zeichneten die Rottacher Kirche.

Bad Wiessee am Westufer (4600 Einw.) ist seit 1922 der Kurort am See. Seit 1411 suchen dort Menschen Hilfe und Heilung, besonders in Deutschlands stärksten Jodschwefelquellen. Reiz besitzen auch das Casino und der Golfplatz – der Blick vom 8. Loch auf das Tegernseer Tal mit dem Wallberg ist besonders schön.

Museen

Wie Papier hergestellt wird, erfährt man in der **Büttenpapierfabrik** von Gmund. Seit 1829 besteht das Familienunternehmen mit der ältesten Papiermaschine Europas von 1883 (Mangfallstraße 5, Tel. 0 80 22/75 05 27, www.gmund.com; 1. und 3. Do. im Monat 16.00 Uhr nach tel. Anmeldung). Im **Museum Tegernseer Tal** sind auch Trachten zu sehen (Seestraße 17, Tegernsee, Tel. 0 80 22/49 78, www.museumtegernseertal.de; Mai–Okt. Di.–So. 14.00-17.00 Uhr).

Aktivität

Einen **Spaziergang** ▶**TOPZIEL** auf der Bad Wiesseer Seepromenade zum Ortsteil Abwinkl sollte man ebenso wenig versäumen wie den Blick vom dortigen **Aussichtspunkt Prinzenruhe.** Den besten Talblick hat man auf einem **Ausflugsdampfer** (Schifffahrt Tegernsee, Seestraße 70, 83684 Tegernsee, Tel. 0 80 22/9 33 11, www.seenschifffahrt.de). Oder man mietet sich ein Ruder- oder Tretboot (u.a. Christoph Rixner, Seestraße 8, Tegernsee, Tel. 0 80 22/15 54, www.bootsverleih-rixner.de). Einzige **Segel- und Surfschule** ist Stickl (Seeglas, Gmund, Tel. 0 80 22/7 54 72, www.segelschule-stickl.de).

In Sachen **Wintersport** informiert das Fremdenverkehrsamt aktuell von alpin und nordisch über Bobfahren und Rodeln bis zum Eislaufen.

Kurze Lederhosen und hohe Tegernseer Hüte sind auch auf Rottach-Egerns Ruderfähre Pflicht

Tipp

Wo die Schwerter klirren

Am Ende siegt immer die Gerechtigkeit, und mutige Ritter und leidgeprüfte Jungfrauen widerstehen infamen Erzschurken und grausamen Schicksalen – seit Jahrhunderten schon gelangen in Kiefersfelden herzanrührende Themen auf die Bühne. Passend dazu nennt sich der südbayerische Zipfel am Fuß des Kaisergebirges um die Luftkurorte Oberaudorf und Kiefersfelden Kaiser-Reich, eine Ferienregion, die sich in erster Linie an Naturliebhaber wendet, die sich u.a. Deutschlands Erster Bergwanderschule anvertrauen können.

Kaiser-Reich Information, Kufsteiner Straße 6, 83080 Oberaudorf, Tel. 0 80 33/3 01 20, Fax 0 80 33/3 01 29, www.kaiser-reich.com; Ritterschauspiele Ende Juli–Aug.

DuMont Aktiv

Einkaufen

Loden und Trachten sind authentische Mitbringsel – eine gute Auswahl hat „Trachten Greif" (Nördliche Hauptstraße 24, Rottach-Egern, Tel. 0 80 22/55 40, www.trachten-greif.de).

Veranstaltungen

Die **Waldfest-Saison** im Sommer gehört zur Tradition. Ob Fußballverein oder Skiclub, jeder stellt etwas auf die Beine: Tegernseer Bier und Blasmusik (Termine beim Fremdenverkehrsamt).

Hotels und Restaurants

Die Nr. 1, auch für Feinschmecker, ist das **€€€€ Seehotel Überfahrt** (Überfahrtstraße 10, 83700 Rottach-Egern, Tel. 0 80 22/66 90, Fax 0 80 22/6 69 10 00, www.seehotel-ueberfahrt.com). In Toplage mit Seezugang findet sich das **€/€€ Hotel Bastenhaus** (Hauptstraße 71, 83684 Tegernsee, Tel. 0 80 22/9 14 70, Fax 0 80 22/91 47 47, www.seehotel-bastenhaus.de). Nett und günstig wohnt es sich im ehem. **€ Haus Ludwig Erhards** (Familie Dr. Breu, Ackerberg 12,83703 Gmund, Tel. 0 80 22/7 46 54, Fax 0 80 22/76 94 09, www.villa-ackerberg.de).
Urig und für ihre Knödel bekannt ist die **€€/€€€ Hafner-Alm** auf 1100 m im Wandergebiet Sutten (Tel. 0 80 22/2 43 96, www.hafner-alm.de). Weitere Empfehlungen auf S. 30.

Information

Fremdenverkehrsamt Tegernseer Tal, Hauptstraße 2, 83684 Tegernsee, Tel. 0 80 22/92 73 80, Fax 0 80 22/9 27 38 22, www.tegernsee.com

06 KREUTH

Der heilklimatische Kurort (3700 Einw.) bietet im Naturschutzgebiet der Weißach-Auen seltene Tiere und Pflanzen und gilt als im Winter schneesicheres Gebiet.

Sehenswert

Die **Pfarrkirche** aus dem 12. Jh. ist ältestes Leonhardi-Heiligtum Bayerns (Leonhardifahrt am 6. Nov.). Die ehem. Kurgebäude wurden durch CSU-Klausurtagungen bekannt.

Restaurant

Rustikaler als in der **€€ Trift-Hütt'n** geht es nicht (Kreuth-Bayerwald, Tel. 0 80 29/6 81). Bayerische Küche klassisch bietet das **€€€ Gasthaus Altes Bad** (Wildbad Kreuth 2, Tel. 0 80 29/3 04, www.altesbad.de).

Information

Tourist-Information, Nördliche Hauptstraße 3, 83708 Kreuth, Tel. 0 80 29/18 19, Fax 0 80 29/18 28, www.kreuth.de

Frei wie ein Vogel

Himmlische Aussichten verspricht ein Flug vom Gipfel des Wallbergs. Wer es nicht allein kann oder will, möchte sich vielleicht beim Tandemflug huckepack einem erfahrenen Könner anvertrauen. Oder man setzt sich ins 1623 m hoch gelegene Panoramarestaurant und schaut den bunten Vögeln einfach zu – Liegestühle stehen bereit.

In 15 Minuten werden mit der Bergbahngondel 830 Höhenmeter überwunden, um auf den 1722 m hohen Wallberg zu kommen. Im Winter lockt die mit 6,5 km längste Naturrodelbahn Deutschlands. Während der Berg im Sommer einen der schönsten Startplätze für Paraglider bietet: die Wiese an der von Wind und Wetter gezeichneten Wallberg-Kapelle, hoch über dem Tegernsee. Wenn die aufsteigenden Winde stimmen, die hier aus Sicht der Gleitschirmflieger erfreulich häufig zu verzeichnen sind, heben die Paraglider ab und schrauben sich nach oben, um den Wallberggipfel zu überhöhen.
Viele fliegen nicht ins Tal, sondern kehren nach einer Weile, wie nach einem Weltraumausflug, zur Bodenstation Wallberg zurück. Gängige Abstecher führen zum Setzberg, zur Bodenschneid, zum Ringberg oder nach Norden zum südöstlichen Eck des Tegernsees.

Rottach-Egern aus der Vogelperspektive

WEITERE INFORMATIONEN

Die Wallberg-Bahn ist ganzjährig in den Kernzeiten von 8.45 bis 16.30 Uhr in Betrieb (www.wallbergbahn.de). Die Gleitschirm-Flugschule bietet auch Tandemflüge an. Mitzubringen ist eine bequeme lange Hose, ein Pulli und Bergschuhe. Overall und Flugausrüstung werden gestellt (www.paragliding-tegernsee.de). Unter Tel. 0 80 22/9 51 37 ist die Flugwetteransage zu erreichen. Alles zum Panoramarestaurant erfährt man auf www.wallberg-restaurant.de.

Schönheiten im Schatten

Umgeben vom mondänen Tegernsee, der Kunstregion Blaues Land und der mächtigen Zugspitze, haben es Bad Tölz und der Isarwinkel nicht einfach. Die Region zieht sich von der österreichischen Grenze entlang der Isar. Ihre schönsten Seiten befinden sich westlich des Flusses, am Kochel-, Walchen- und Sylvensteinsee oder in der Jachenau, an der Benediktenwand und am Brauneck – das Tölzer Land aus sechs Blickwinkeln.

Blick vom Herzogstand auf den Walchensee mit der Halbinsel Zwergern und über das Karwendelgebirge

Die Marktstraße ist Schmuckstück und Flaniermeile von Bad Tölz

Das älteste Zeugnis einer Leonhardifahrt zu Ehren des heiligen Leonhard, des Schutzpatrons der Pferde, geht auf 1442 zurück. Zur Prozession am 6. November gehören geschmückte Pferde und Kutschen. Blaskapellen und Trachtengruppen sorgen für Folklore, Brotzeiten und Bier fürs leibliche Wohl und der Pfarrer für den Segen für Mensch und Tier.

Bei Max Schweighofer in der Marktstraße gibt es seit 1890 Enziane, Alpenkräuterliköre und den Tölzer Leonhardischnaps

Der See glitzert im Sonnenlicht, auf dem ein paar Kähne dümpeln, Bergkämme recken ihren schmalen Grat in die Höhe, schwarz-weiß gefleckte Kühe grasen glücklich. Eine Sennerin sieht man beim Buttern, den Kaser, wie er den Almkäse macht. Und im Tal liegen sattgrüne Wiesen mit purpurfarbenen Wildblumen, umsäumt von majestätischen Föhren, die ihre Kronen in einer sanften Brise wiegen. So – oder so ähnlich – könnte beinahe jede Oberbayern-Geschichte beginnen. Und sie würde häufig ein stimmiges Entree zeichnen, auch für das Tölzer Land und den Isarwinkel, der schon im Jahr 1497 in einem Vertrag mit Bayernherzog Albrecht IV. „des Holzschlags wegen“ als „Iserwinkl“ definiert wurde: die Gegend zwischen Bad Tölz und Wallgau.

Herbert Achternbusch, Schriftsteller, Filmemacher und Ur-Bayer im etwas anderen Sinn, würde solch ein idyllisch skizziertes Entree kaum wählen. Achternbusch bricht mit seinen Filmen bewusst in Normalitäten seiner Heimat ein. Er provoziert mit kantigen bis schockierenden Szenen. Statt schönes Landleben sieht er eher versteinerte Zustände. So sind eben die Blickwinkel: Idylle und Himmel der einen sind der quälend enge Vorhof zur Hölle für andere.

Die aktiv-sportliche Sichtweise vertritt Annemarie Gerg. Die ehemalige Skirennläuferin und bis 2003 fünfmalige Deutsche Meisterin im Slalom und Riesenslalom gehört dem Fremdenverkehrsbüroteam in Bad Tölz an. Dort betreut sie die Gesundheitsprogramme, dort macht sie Werbung für Ihre Heimat. Besonders liegen der gebürtigen Tölzerin die Outdoormöglichkeiten der Umgebung am Herzen – die sie auch begleitet. Das Angebot der staatlich geprüften Skilehrerin reicht von Bergwandern und Nordic-Walking über Trekking- und Mountainbiketouren bis zu Schneeschuhwandern und Skilanglauf im Winter.

Steinböcke leben an der Benediktenwand

Verlässliche Winde machen den Walchensee zum Surfparadies

Ein Tal wurde zum Bergsee: Die Isar füllt den Sylvensteinstausee

Aus Lenggries stammen viele bekannte Skisportler – hier das Wanderziel Denkalm

Special WASSERBAU

Wie der Durst einer Metropole

Mehr als 100 Milliarden Liter Trinkwasser benötigen die Münchner pro Jahr. Das entspricht fast der Wassermenge des Sylvensteinstausees.

124 Milliarden Liter sind es, wenn der fjordartige Speichersee bis an den Rand gefüllt ist. Zwischen 1954 und 1959 an einer natürlichen Engstelle im Isartal gebaut, soll er für einen konstanten Wasserspiegel in der Isar sorgen und als Hochwasserschutz dienen – die Isar hat zu viele Zuflüsse an das Walchseekraftwerk verloren. Der 44 Meter hohe und 180 Meter breite Damm staut neben der Isar auch die Dürrach und Walchen. Als Nebeneffekt gewinnen im Damm zwei Wasserkraftwerke Energie. Und im See darf gebadet werden. Die Badestelle – eine Liegewiese in Hanglage mit Kiesufer – liegt rund 200 Meter westlich des Ortes Fall.

OBERBAYERISCHE DRESSCODES

Für einen wie Achternbusch dürften die Sichtweisen der Annemarie Gergs dieser Welt einem Horrorszenario gleichkommen. Während eine Idee, wie die von Alex, durchaus Platz in einem seiner Filme finden könnte. So freizügig er sonst ist, seinen Nachnamen will Alex lieber nicht verraten. Der 53-Jährige organisiert in der Umgebung von Bad Tölz und Lenggries für Nudisten aus ganz Deutschland FKK-Rudertouren auf der Isar und FKK-Fahrradtouren. Gerade an der Isar sei man schließlich an den Anblick nackt badender Menschen gewöhnt, glaubt der FKK-Fan. Via bavarica nudensis im liberalen Oberbayern?

Das Gegenteil von Alex' Dresscode dürfte die Festtagstracht sein. Fast alle im Tölzer Land haben so eine aufwendige und teure Kluft im Schrank. Unverheiratete Frauen gehen in farbenprächtigen Dirndln, Verheiratete ziehen den Schalk, meist aus dunkler, kostbarer Seide, an. Und was eine echte Lederhosn ist, kann man an jeder Ecke und in einer der zahlreichen Säcklereien sehen. Die Menschen sind bäuerlich-konservativ, traditionell, auf jeden Fall katholisch. „Viele Leute strahlen Ruhe und Dankbarkeit aus, weil sie hier leben dürfen", weiß Annemarie Gerg. Benno Berghammer, „der Bulle von Tölz", wirkte da in der gleichnamigen Krimiserie ganz anders ...

FULMKULISSE WALCHENSEE

Aber die Leute sind auch stolz. Etwa darauf, dass der Walchensee neben Achternbuschs „Atlantikschwimmer" schon zweimal Drehort für einen Wikinger-Film war. Vor mehr als 40 Jahren drehte dort Kirk Douglas seine „Wikinger". Vor kurzem war es Bully Herbig, der mit dem Wikingerschiff „Hugin" in See stach. Die zahlreichen Surfer mit ihren bunten Segeln im Hintergrund wurden später im Studio herausretuschiert.

Wenn man das nur auch mit den Blechkarawanen machen könnte. 1972, das Jahr der Olympischen Sommerspiele in München, war ein Meilenstein für die Region. Die ersten Autos fuhren auf der gerade in Betrieb genommenen Autobahn 95. Das Isartal zwischen München und Tölz war von nun an mit dem Isarwinkel verbunden und der Isarwinkel damit für ein breites Urlauberpublikum erschlossen. Auf einmal kannte man Tölz nicht mehr nur vom Eishockey-Club und dem Tölzer Knabenchor. Die Besucher entdeckten zum Nacktbaden die Kiesbänke der Isar, zum Schwimmen den warmen Kochel- und zum Rudern den kalten Walchensee. Sie erklommen die Benediktenwand, das Brauneck und den Blomberg. Mit der Folge, dass an

Hinter dem für seine barocke Pracht bekannten Kloster Benediktbeuern ragt die Benediktenwand auf

In Benediktbeuern wirkten bedeutende Barockkünstler wie Georg Asam, Johann Michael Fischer und Ignaz Günther

schönen Tagen keine Autostunde südlich von München der Stau beginnt. Das Leben in der schönen Landschaft im Schatten der viel berühmteren Regionen drumherum änderte sich – langsam, aber gewaltig.

EINE HERRLICHE BERGTOUR

Es sei noch eine letzte Sicht erlaubt: auf ein Stück Straße abseits der Autobahn 95. Die Morgensonne strahlt, der Himmel ist bayerisch blau, aber es gibt ein Problem: Was kommt rein in den CD-Wechsler? Für Cabriofahrer eine geradezu existentielle Frage: Eros Rammazzotti vielleicht? Oberbayern ist schließlich fast Norditalien! Es wird Pink Floyd: „Wish you were here". Und da ist sie schon: groß gewachsen, schlank, mit schnittigen Kurven, vom Fuß bis zum Kopf ein Traum. Die Kesselbergstraße, die den Kochel- mit dem Walchensee verbindet. Es geht viereinhalb Kilometer rauf. 23 Kurven, im Schnitt alle 200 Meter eine, Höhenunterschied: 253 Meter. Das Ganze wieder zurück nach unten – herrlich! Es ist einer dieser typischen Cabrio-Umwege, die Navigationssysteme einfach nicht verstehen können: „Wenn möglich, bitte wenden!" Ne, ne, denkt der Chauffeur. Eines der schönsten Fleckchen im Isarwinkel wird man doch wohl noch doppelt genießen dürfen. Denn alles wirkt wie beim kitschigen Entree: Der Walchensee glitzert im Sonnenlicht, ein paar Kähne dümpeln dahin, und der Herzogstand reckt seinen Grat in die Höhe ...

IN DER JACHENAU BLIEB VIELES, WIE ES WAR

Einzigartig einsam

Mit gerade mal 871 Einwohnern ist die Jachenau die kleinste Gemeinde mit einer eigenen Verwaltung in Bayern. Und mit sieben Bewohnern pro Quadratkilometer ist sie zudem die am dünnsten besiedelte des Freistaates. Ein Besuch in dem oft vergessenen Tal mit einem der anmutigsten Wald- und Wiesenlandschaften der Alpen.

Oberbayerisch-gemütlich präsentieren sich die Häuser der Jachenau

Die Buslinie 9595 ist dünn besetzt. Zwei Großmutterchen, die sich rege unterhalten, ein junger Mann, der vor sich hindöst, und ein Teenager-Mädchen, das schnell noch eine SMS loswerden will. Die Frau daneben starrt vor sich hin: Fünf Menschen auf dem Weg von Lenggries in die Jachenau. Der Busfahrer kann ab Lenggries nur einen Weg nehmen: die Staatsstraße 2072. In Jachenau-Dorf endet sie. Nur über den mautpflichtigen Zwerchweg und dann zwei gabelnde Forststraßen kommt man individuell weiter in Richtung Westen und Walchensee.
Das Girlie tut gut daran, sich mit dem Simsen zu beeilen. Bald löst ein Funkloch das andere ab. Elektrosmogsensible führen in der Jachenau ein gutes Leben. Der Handy-Empfang bleibt meistens aus. Der staatlich anerkannte Erholungsort hatte bis 2005 nicht einmal Anschluss ans schnelle Breitband-Internet.

EIN STÜCK STILLES BAYERN

Im 12. Jahrhundert begann die dokumentierte Geschichte der Jachenau, als sie vom Kloster Benediktbeuern aus besiedelt wurde. Bauern, Holzknechte und Flößer fristeten ein hartes Leben im Tal, das bis heute einiges von seiner Stille und Ursprünglichkeit erhalten hat. Das 21. Jahrhundert scheint an diesem sonnigen Fleckchen Erde auf 800 Metern Höhe noch nicht ganz angekommen zu sein. Entlang der Jachen reihen sich die Ortsteile mit zum Teil statt-

Farbenfroh und ernsthaft zugleich: Fronleichnamsprozession in der Jachenau

lichen Bauernhäusern und kleineren gepflegten Anwesen. Besonders an der Südseite der Benediktenwand zeigen sich dicht bewaldete Berghänge. Einziger Sightseeing-Stop im klassischen Sinn ist seit 1291 die mittlerweile barocke Nikolauskirche, die auf dem Kirchberg thront.

Die Jachenau von heute ist nicht nur ein traumhaft schönes Tal, sondern auch eine Streusiedlung mit nicht weniger als 27 durchnummerierten Ortsteilen und erzählenden Hausnummern, die seit 1808 Rückschlüsse auf die Entstehung zulassen. Die Bushaltestellen heißen „Bäcker", „Post" oder „Mühle". Es gibt keine Tankstelle, keinen „McDonald's", nur den altehrwürdigen „Gasthof Post". Mehr als hundert Jahre lang war das Haus Königlich-Bayerische Posthalterei.

WIE IM HEIMATFILM

In den Zeiten, wo die meisten Urlaubsorte krampfhaft versuchen, einen sogenannten USP zu kreieren, den unique selling point – was haben wir, was andere nicht haben – hat es die Jachenau gut, denn sie ist mit ihrer heimeligen und beschaulichen Landschaft und Atmosphäre unverwechselbar. Natur ist hier das Erlebnis, nicht künstlich bereit gestellte Touristenattraktionen: wilder Enzian, echte Alpenrose und Frauenschuh statt botanischer Garten, ein kreisender Adler und scheues Gamswild statt Zoo. Wanderer, Radler, Bergsteiger und im Winter Skilangläufer wissen den Talgrund und die umliegende Bergwelt zu schätzen. Auf der Suche nach einer authentischen Kulisse für „Die Geschichte vom Brandner Kaspar" wurde Filmregisseur Joseph Vilsmaier hier fündig. Gedreht wurde auf der Vorderen und Hinteren Scharnitz-Alm unterhalb der Benediktenwand. Einige Jachenauer dienten gar als Komparsen neben Franz-Xaver Kroetz und Bully Herbig, den Hauptdarstellern.

Die Benediktenwand mit genau 1801 Metern und der rund hundert Tiere umfassenden Steinbockkolonie ist nicht der einzige Berg über der Jachenau. Mehr als ein Dutzend Gipfelkreuze rahmen das Tal. Der 1532 Meter hohe Staffel mit seiner gleichnamigen Alm, der mit 1514 Metern etwas niedrigere Hirschhörndlkopf mit der Pfundalm und der 1555 Meter aufragende Rabenkopf mit der Kochler-Alm liegen sogar direkt vor der Haustür.

ADRESSEN

***Gäste-Information,** Dorf 51 1/2, 83676 Jachenau, Tel. 0 80 43/91 98 91, Fax 0 80 43/4 13, www.jachenau.de*

***Gasthof Hotel Post,** Dorf 7, 83676 Jachenau, Tel. 0 80 43/3 63, Fax 0 80 43/4 86, www.post-hotel-jachenau.de*

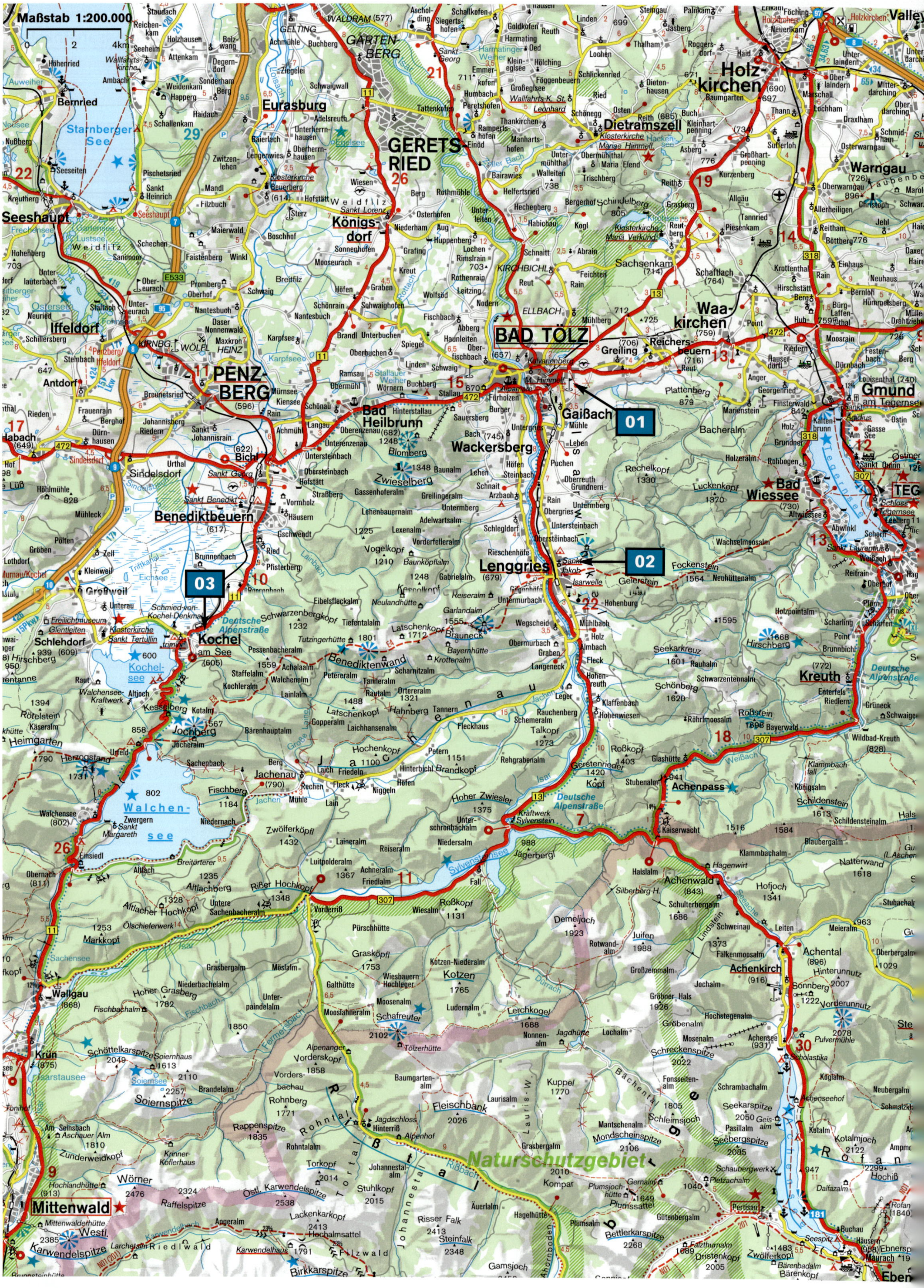

Maßstab 1:200.000
0
2
4km
Starnberger See
Bernried
Seeshaupt
Iffeldorf
Penzberg
Eurasburg
Geretsried
Königsdorf
Bad Tölz
Dietramszell
Holzkirchen
Waakirchen
Gmund am Tegernsee
Bad Wiessee
Bad Heilbronn
Wackersberg
Gaißbach
01
Lenggries
02
Benediktbeuern
Bichl
Sindelsdorf
Großweil
Schlehdorf
Kochel am See
03
Kochelsee
Walchensee
Jachenau
Jochberg
Herzogstand
Sylvensteinsee
Achenpass
Kreuth
Achenwald
Achenkirch
Wallgau
Krün
Mittenwald
Soiernspitze
Westl. Karwendelspitze
Hinterriß
Naturschutzgebiet
Rißtal
Deutsche Alpenstraße
Brauneck
Benediktenwand
Hirschberg
Schafreuter
Kotzen
Lerchkogel
Rofan
Wörner
Birkkarspitze
Eben
Maurach
Pertisau
Tegernsee
Rottach
Holzkirchen
Warngau
Valley
Gartenberg
Wolfratshausen

Entlang der wilden Isar …

… zeigen sich zwischen Bad Tölz und Wallgau zuweilen grandiose Naturlandschaften mit Moor- und Flussregionen, Wiesen und Wäldern bis hin zu Almgebieten und alpinen Gipfeln. Darunter glitzern einige der schönsten Bergseen Deutschlands. Für den kulturellen Höhepunkt im Tölzer Land mit Isarwinkel sorgt das mächtige Benediktinerkloster von Benediktbeuern.

01 BAD TÖLZ

Flößer hatten die heutige Kreisstadt (17 700 Einw.; 1155 erwähnt) wohlhabend gemacht. Besonders am rechten Isarufer sieht man noch Zeugen einstiger Blüte. Links des Flusses liegt das Badviertel, nach der Entdeckung der Jodquellen ab 1846 gebaut. Internationaler Städtepartner von Tölz ist übrigens das renommierte Bad Vichy in Frankreich.

Sehenswert

Die **Marktstraße** gilt als eine der schönsten Straßen in Oberbayern. Prachtvolle Häuser, Lüftlmalereien und reich verzierte Fassaden, u.a. das Sporerhaus (Nr. 45) das Pflegerhaus (Nr. 59) prägen das Straßenbild. Ein paar Schritte weiter ist die **Wallfahrtskirche Maria Hilf** (18. Jh.). Das wichtigste der Tölzer Gotteshäuser steht aber am Kalvarienberg: Die 1718 erbaute **Leonhardikapelle** ist das Ziel der alljährlichen Leonhardifahrt. Das **Bad- und Kurviertel** wurde als Gartenstadt angelegt.

Museum

Der Stadtgeschichte, Flößerei und Leonhardifahrt ist das **Heimatmuseum** im Alten Rathaus aus dem 15. Jh. gewidmet (Marktstraße 48, Tel. 0 80 41/50 46 88; Di.–So. 10.00–16.00, Winter Do.–So., 10.00–16.00 Uhr, Febr. geschl.).

Einkaufen

Nebenbei auch Filmkulisse für „Der Bulle von Tölz“: Der Kleine Laden bietet kuschelige Mode (Marktstraße 41, Tel. 0 80 41/7 94 16 00, www.der-kleine-laden.net).

Aktivitäten

Bergwandern, Nordic-Walking, Trekking- und Mountainbiketouren, Schneeschuhwandern und **Skilanglauf** mit Annemarie Gerg über die Tourist-Information. Wasserratten zieht es ins **Alpamare** (Ludwigstraße 13, Tel. 0 80 41/ 50 99 99, www.alpamare.de; tgl. 9.30–22.00 Uhr). **Floßfahrten** auf der Isar oder Loisach organisiert u.a. Josef Seitner ab Wolfratshausen (Mühltal 10, 82064 Straßlach, Tel. 0 81 71/7 85 18, www.flossfahrt.de). Spiele des EC Bad Tölz sind in der **Eishalle** zu sehen, in der man eislaufen kann (Am Sportpark 12, Tel. 0 80 41/7 99 43 54,

Bad Tölzer Heimatmuseum in der Marktstraße

www.hacker-pschorr-arena.com; Okt.–April Di., Sa. und So. 14.30–16.00 Uhr).

Hotel und Restaurant

Mittendrin in der guten Stube von Tölz liegt das **€/€€ Hotel Kolberbräu** (Marktstraße 29, 83646 Bad Tölz, Tel. 0 80 41/7 68 80, Fax 0 80 41/ 7 68 82 00, www.kolberbraeu.de).
Bad Tölz hat ein lange Biertradition. Auf dem Reutberg werden acht Sorten Bier gebraut. Der Biergarten ist ein Traum, die Küche deftig-gut und der nahe, im Sommer meist sehr warme Kirchsee lädt zum Schwimmen ein: **€/€€ Klosterbrauerei Reutberg** (Am Reutberg 3, Sachsenkam, Tel. 08021/258, www.kloster brauerei-reutberg.de).

Veranstaltungen

Der berühmte **Tölzer Knabenchor** hat pro Jahr 240 Auftritte weltweit, gibt aber auch in seiner Heimatstadt einmal im Monat ein Konzert im Kurhaus (Termine bei der Tourist-Information). Kreuth hat die älteste, Tölz die größte deutsche Pferdewallfahrt; den Abschluss dieses **Leonhardiritts** (6. Nov.) bildet der Goaßlschnalzer-Wettkampf in der Marktstraße. Mit Fuhrmannspeitschen werden dabei Knallfolgen unterschiedlichster Art erzeugt. Bekannt ist das **Schnablerrennen** mit alten, großen Hörnerschlitten und Sprüngen bis zu 20 m Weite (2. oder 3. So. im Jan. in Gaißach, südl.).

Umgebung

Der 1250 m hohe **Blomberg** (westl.) ist immer einen Ausflug wert. Die Blombergbahn (Tel. 0 80 41/37 26, www.blombergbahn.de) bringt Wanderer wie Skifahrer nach oben. Und Kunstinteressierte : Auf dem Blomberg lädt Deutschlands höchster Kunstwanderweg mit 17 Skulpturen, Plastiken und Land-Art-Objekten oberbayerischer Künstler ein.

Information

Tourist-Information, Max-Höfler-Platz 1, 83646 Bad Tölz, Tel. 0 80 41/7 86 70, Fax 0 80 41/78 67 56, www.bad-toelz.de

02 LENGGRIES

Halb so groß wie Bad Tölz, bietet der Luftkurort (8000 Einw.) deutlich weniger, vom breiten Wintersportangebot abgesehen. Der Ortsname leitet sich vom langem Gries, den weitläufigen, charakteristischen Kiesbänken an der Isar, ab.

Sehenswert

Die **St.-Jakobs-Kirche** (um 1720) beherbergt Standarten und Fahnen der Flößer und ist auch den Patronen der Schiffer gewidmet, den Heiligen Nikolaus und Christopherus.

Veranstaltung

Johanni- oder Sonnwendfeuer werden an einem Sa. um den 24. Juni entfacht. Was urspr. der Abwehr böser Geister diente, leitet heute

Tipp

Durch die Hintertür

Hinterriß ist eine Enklave. Der einzig dauerhaft besiedelte Ort im Engtal mit 50 Einw. gehört politisch zu Österreich, kann aber mit dem Auto nur von Bayern aus erreicht werden, im Winter gar nicht. Das Karwendelgebirge lässt eine Straßenerschließung von Tirol aus nicht zu. Das verspricht stillen Urlaub auf 928 m Höhe. Ein Wunder landschaftlicher Art ist der Große Ahornboden am Ende des Rißtals. Bergahorne stehen einzeln und in kleinen Gruppen am Talgrund. Dazwischen tummeln sich Rinder, und im Hintergrund türmen sich die Zacken des Karwendelgebirges. Spätsommer ist die schönste Zeit für einen Besuch, dann setzt die Laubfärbung ein, die Natur tupft die Blätter in allen Tönen von gelb bis rot. Manche der Riesen haben 600 Jahre auf dem Buckel und damit ihre natürliche Lebensspanne erreicht. Um das anmutige Landschaftsbild auf Dauer zu erhalten, werden wieder Bergahorne angepflanzt.

Anfahrt über Vorderriss vom Sylvensteinsee oder von Wallgau. Weitere Infos auf www.silberregion-karwendel.at

Blick vom Kesselberg auf den Kochelsee

den Sommer ein. Sonnwendfeiern finden in vielen Gemeinden Oberbayerns statt, das am Brauneck gehört zu den mächtigsten.

Einkaufen

Eine echte bayerische **Lederhosn** lässt sich in der Säcklerei Bammer in Lenggries anfertigen (Johann-Probst-Straße 7, Tel. 0 80 42/27 33, www.lederhosen-bammer.de).

Aktivitäten

Das **Brauneck** (1555 m) ist der München nächstgelegene Wintersportplatz. Oft nur Hausberg genannt, kommt man bequem mit der Gondel nach oben (Brauneck-Bergbahn, Tel. 0 80 42/50 39 40, www.brauneck-bergbahn.de). 17 im Sommer bewirtschaftete Almen sorgen für das Wohl der Wanderer. Doch vor allem die Wintersportarena Brauneck zieht die Leute an. An den 17 Liften ist Skiweltmeisterin Martina Ertl groß geworden.

Hotel und Restaurant

Modern wie das Dorf am Sylvensteinsee gibt sich das **€€ Hotel Jäger von Fall** (Ludwig-Ganghofer-Straße 8, 83661 Lenggries-Fall, Tel. 0 80 45/130, Fax 0 80 45/1 32 22, www.jaeger-von-fall.de). Ein gemütliches Traditionshaus ist der **€ Gasthof Hotel Post** (Dorf 7, 83676 Jachenau, Tel. 0 80 43/3 63, Fax 0 80 43/4 86, www.post-hotel-jachenau.de).
Einzige Alm mit Schaukäserei weit und breit ist die **€/€€ Stie-Alm.** Zum Käse gibt es Holzofenbrot (Latschenkopf 5, Brauneck, Tel. 0 80 42/23 36, www.stie-alm.de).

Umgebung

10 km südl. liegt der 6,6 km² große **Sylvensteinstausee** (s. auch S. 43). 1954 wurde das Dorf Fall wegen des Dammbaus aufgegeben – dessen Grundmauern sind in Trockenperioden sichtbar – und an höherer Stelle neu errichtet. Die abgeschiedene **Jachenau** (s. auch S. 46) wird von der 1801 m hohen Benediktenwand geprägt, die nicht durch eine Seilbahn erschlossen ist. Die auf Seite 47 genannten Almen sind unbewirtschaftete Hütten (weitere Infos auf www.alpen verein.de).

Information

Fremdenverkehrsamt, Rathausplatz 1, 83661 Lenggries, Tel. 0 80 42/5 00 80, Fax 0 80 42/50 08 50, www.lenggries.de

03 KOCHEL AM SEE

Der Luftkurort (4100 Einw.) liegt an der schon seit jeher begangenen Handelsroute über den Kesselberg und ist durch den Aufstand im Verlauf des Spanischen Erbfolgekrieges bekannt, der 1705 in der Sendlinger Mordweihnacht tragisch endete. Einer der „Helden" dieses Widerstands der kleinen Leute gegen österreichisch-kaiserliche Übergriffe war der legendäre „Schmied von Kochel". Sein Denkmal symbolisiert bayerische Freiheitsliebe, der von weiten Moorflächen umgebene Kochelsee die Freizeitliebe der Bayern. Der Ort selbst bietet neben dem Schmied-Denkmal auf dem Dorfplatz vor allem seine Lage am See.

Umgebung

Der knapp 6 km² große **Kochelsee** ist ein im Sommer warmer Badesee, der über die von Cabrio- und Motorradfahrern wegen ihrer Kurven und Ausblicke heiß geliebte Kesselbergstraße mit dem auch sommers kühlen Walchensee verbunden ist. Der **Walchensee** ▶**TOPZIEL** (16,4 km²) schimmert blaugrün, ist komplett von Bergen umgeben und gilt als einer der schönsten Alpenseen – auch weil sein Ufer auf 20 km Länge frei zugänglich ist. Besonders vom **Herzogstand,** ein bereits von den Wittelsbachern geschätztes Jagdrevier und heute erreichbar mit der Herzogstandbahn (Tel. 0 88 58/236, www.herzogstandbahn.de) genießt man auf 1731 m Höhe einen wunderbaren Blick auf See und Berge.
Sehenswert ist das **Schlehdorfer** Kloster am nordw. Ufer des Kochelsees. Im 8. Jh. gegründet, besitzt es in der Stiftskirche aus dem 18. Jh. einen Hochaltar aus schwarzem Marmor. Bedeutender, prunkvoller und größer ist das Kloster von **Benediktbeuern** (10 km nördl.). Um 725 gegründet – und damit das älteste Kloster Oberbayerns – bekam es durch die Reliquie des hl. Benedikt Wallfahrtsstatus. Ab 1669 entstand die barocke Klosteranlage durch die bedeutendsten Künstler jener Zeit wie etwa Georg Asam (Basilka), Johann Michael Fischer und Ignaz Günther (Anastaia-Kapelle). Nach der Säkularisation 1803 forschte ab 1808 der Optiker und Physiker Joseph von Fraunhofer dort (1787–1826). Seit 1930 ist Benediktbeuern wieder ein Kloster mit zzt. 49 Mönchen aus 13 Ländern und einem Bildungszentrum (www.kloster-benediktbeuern.de).

Museen

Kochel- und Walchensee faszinierten viele Künstler. Das **Franz-Marc-Museum** am Ortsrand Kochels bietet einen bemerkenswerten Querschnitt aus dem Werk dieses „Blauer Reiter"-Mitglieds (1880–1916), der hier gelebt und gearbeitet hat und als einer der wichtigen Expressionisten gilt (Franz-Marc-Park 8, Tel. 0 88 51/92 48 80, www.franz-marc-museum.de; April–Okt. Di.–So. und Fei. 10.00–18.00, sonst Di.–So. und Fei. 10.00–17.00 Uhr).
Oben ein natürliches Becken, der Walchensee, unten ein natürliches Becken, der Kochelsee, und dazwischen das **Erlebniskraftwerk Walchensee:** Durch 6 Rohre rauscht das Wasser 200 m tief zu den 8 Turbinen. Sie liefern pro Jahr etwa 320 Mio. kWh umweltfreundliche Energie, etwa rund ein Viertel des jährlichen Energiebedarfs des Großraums München (Alt-

Tipp

Sicher wie das Amen

Oberbayern und Trachten gehören zusammen wie das Amen und die Kirche. Laptop und Lederhose kamen erst später. In Benediktbeuern erfährt man alles zu oberbayerischen Trachten, sieht mehr als 4000 Originale und lässt sich in Trachtbekleidungsfragen beraten.

Trachten-Informationszentrum, Michael-Ötschmann-Weg 2, Benediktbeuern, Tel. 0 88 57/8 88 33, www.trachten-informationszentrum.de; Do. 9.00–16.00 Uhr

Zum Teil neu: Franz-Marc-Museum in Kochel

joch 21, Tel. 08851/7 70, www. walchensee.net; Führungen Mai–Okt. Di. 16.00 Uhr).

Veranstaltungen

Die **Konzerte** im Barocksaal des Klosters Benediktbeuern sind ein Erlebnis, das Programm weit gefächert (Informationen und Termine unter Tel. 0 88 57/248 und www.kloster-bene diktbeuern.de).

Aktivitäten

Auf dem Kochel- und auf dem Walchensee muss man ein **Ruder- oder Tretboot** leihen. Am besten Brotzeit, Getränke und Sonnencreme mitnehmen, die Tagesmieten sind wirklich erschwinglich – u. a. bei Kneidl an der Seepromenade in Kochel (Tel. 0 88 51/4 16) oder bei Ottl an der Seestraße in Walchensee (Tel. 0 88 58/2 62).

Hotel und Restaurant

Seit gut 100 Jahren beherbergt das **€/€€ Seehotel Grauer Bär** direkt am See mit Traumlage und Biergarten (Mittenwalder Straße 82, 82431 Kochel am See, Tel. 0 88 51/9 25 00, Fax 0 88 51/ 92 50 15, www.grauer-baer.de). Ein eigenes Boot im Bootshaus, Seezugang und nur vier Zimmer bietet das **€/€€ Gästehaus Gistl** (Seestraße 13, 82432 Walchensee, Tel. 0 88 58/ 279, Fax 0 88 58/92 90 93). Sehr günstig wohnt es sich in den **€ Gästehäusern im Kloster Benediktbeuern** (Fraunhofer Straße 6, 83671 Benediktbeuern, Tel. 0 88 57/8 81 95, Fax 0 88 57/ 8 81 39, www.kloster-benediktbeuern.de).
Wurst und Fleisch im **€/€€ Gasthof Herzogstand** kommen aus der eigenen Metzgerei (Dorfstraße 7, Benediktbeuern, Tel. 0 88 57/3 26, www.gasthof-herzogstand-benediktbeuern.de).

Information

Tourist-Information, Bahnhofstraße 23, 82431 Kochel am See, Tel. 0 88 51/338, Fax 0 88 51/844, www.kochel.de

DuMont Aktiv

Wenn die Düse bläst

Surfen und Kiten auf dem Walchensee bedeutet, Bayerns windsichersten See für seinen Sport zu nutzen, eingerahmt von der grandiosen Bergkulisse aus Jochberg, Herzogstand und Karwendelgebirge. Also rauf aufs Brett! Bei Sonne, Wind – und Nebel! Denn manche finden Nebelsurfen einfach unwiderstehlich ...

Motor- und sogar Elektroschiffe sind verboten auf Deutschlands tiefstem, klarsten und schönstem Bergsee. Schwimmer sieht man selten, die Ruder- und Tretboote dümpeln meist in Ufernähe. Nicht nur deshalb ist der Walchensee unter den Süßwasser-Surfspots die Nummer eins in Deutschland. Das gilt nicht unbedingt für die Windstärke, aber für Windsicherheit und die Kulisse.
Die thermischen Winde entstehen überwiegend im Sommer, wenn es nachts noch kühl ist und tagsüber ungetrübt die Sonne scheint. Die Flanken von Jochberg und Herzogstand erwärmen sich und ziehen kühle Talluft nach oben. Dann bläst die Düse. Ein Effekt, der durch die eng nebeneinander stehenden Berge entsteht. Selbst wenn man am Ufer Windstille hat, sieht man die Düse mit einem breiten Band über den dort aufgerauten See pfeifen. Big days sind die Föhntage, und im Herbst nimmt der Wind auch mal den über dem See liegenden Nebel aus dem Tal mit. Dann ist die Zeit fürs Nebelsurfen gekommen.

Tretboote für Nichtsurfer in Einsiedel

Am Walchensee-Badestrand Einsiedel

WEITERE INFORMATIONEN

Brettverleih und Surfschule: Windsurfcenter, Seestraße 10, 82432 Walchensee, Tel. 0 88 58/2 61, Fax 0 88 21/66 17; Kurse April–Okt., Anmeldungen nur vor Ort möglich.

Windvorhersagen und Webcams auf www.windinfo.eu und www.windfinder.com. Weitere Informationen auf www.walchensee.de und www.walchensee-info.de.

Kunst liegt in der Luft

Das Blaue Land, das klingt poetisch, verwunschen und – passend. Die Gegend um Murnau mit dem Staffel- und dem Riegsee wird bestimmt durch wechselnde Lichtstimmungen, wie sie die Maler des Blauen Reiters liebten und Künstler bis heute lieben. Häufig wirken die Seen und Moore, die Wälder und Wiesen, ja sogar die Alpenkette im Süden wie modelliert und mit weichem Blau getönt. Nur acht Gemeinden bilden das Blaue Land, und dennoch ist es wegen seiner Künstler weithin bekannt. Bereits hinter den ersten höheren Bergen liegen touristische Größen: Oberammergau, Ettal und Schloss Linderhof.

Der barocke Prachtbau der Klosterkirche Ettal ist das Zentrum eines der bedeutendsten Klöster des Alpenraums

Weit geht der Blick von Murnau über das Murnauer Moos gen Süden zur Alp- und Zugspitze

In Kanu-Entfernung von Murnau liegt die private Insel Wörth im Staffelsee

Stimmungsvoll zeigt sich der abendliche Murnauer Obermarkt

„Je tiefer das Blau wird, desto tiefer ruft es den Menschen in das Unendliche, weckt in ihm die Sehnsucht nach Reinem und schließlich Übersinnlichem. Es ist die Farbe des Himmels."

Wassily Kandinsky in
„Über das Geistige in der Kunst"

Es war nicht ein Weißbier zu viel. Und es war auch keine Halluzination. Bürgermeister Michael Rapp traute seinen Augen nicht. Auf dem Riegsee hatte sich ein 100 mal 30 Meter großes Stück Festland eigenständig gemacht! Es brach aber nicht in sich zusammen, sondern schipperte nun friedlich als Insel über den See – samt seiner Bäume und Sträucher! „Wenn man das sieht, wird einem ganz anders", sagte der Bürgermeister damals, 2002. Als seien die Seen Konkurrenten, wollte der Staffelsee ebenfalls punkten. Im selben Jahr fand man in ihm einen riesigen Süßwasserschwamm. Ein einzigartiger Fund in Europa, denn nur im Baikalsee existieren weltweit noch andere Süßwasserschwämme.

In Sachen Kunst ist der Staffelsee freilich seit rund hundert Jahren Primus. Für ihn und seine umliegenden Moore interessierte sich die Künstlerkolonie des Blauen Reiters mit Malern wie Wassily Kandinsky und Franz Marc. Dort wurden für den deutschen Expressionismus wesentliche Weichen gestellt. An seine Ufer kamen Anfang des 20. Jahrhunderts aber nicht nur Maler, sondern auch Komponisten und Schriftsteller. Die Atmosphäre, die Kandinsky, Marc und Co. in ihren Bann zog, öffnete auch Literaten neue Sichtweisen. „Kasimir und Karoline" wurde an den Gestaden des Staffelsees geboren. Ihr Schöpfer, Ödön von Horváth, lebte zwischen 1923 und 1933 in Murnau, ehe er ins Exil musste. Der Dramatiker zählt zu den wichtigen Repräsentanten des literarischen Expressionismus. Seine Theaterstücke und Romane sind gefärbt vom Blauen Land. Unter anderem entstanden dort „Zur schönen Aussicht", „Glaube Liebe Hoffnung" und eben „Kasimir und Karoline".

KÜNSTLERMAGNET BIS HEUTE

Unverändert lockt das Murnauer Moos, mit einer Fläche von mehr als 30 Quadratkilometern größtes zusammenhängendes Moor Bayerns, Künstler an. Kunst und Natur gehen dort scheinbar automatisch eine Symbiose ein. Rita de Muynck symbolisiert das in schöner Weise. Aktuell bearbeitet sie zwei Skulpturen aus Lindenholz. Die „Zwei Riesen" sind Gabriele Münter und Wassily Kandinsky gewidmet. „Ich arbeite in der expressiven Tradition mitten auf dem Land, wo Kandinsky und seine Schülerinnen ihren ersten Land-Malaufenthalt abhielten", sagt die gebürtige Flämin. „Es ist wahr, was Kandinsky meinte, das Licht hier sei für die Malerei sehr förderlich. Denn es bildet starke, farbige Schlagschatten und ist auch an trüben Tagen intensiv. Die expressive Malerei musste hier geradezu entstehen."

Das Freilichtmuseum Glentleiten will die ländliche Alltagskultur zeigen und bewahren. Dazu gehören Wohnen und Wirtschaften, Handwerk und Gewerbe in historischen und originalgetreu ausgestatteten Bauten

Eine Besonderheit ist der Murnauer Schäfflertanz

Maibaumaufstellen ist ein Männer-Kraftakt, bei dem traditionell auf maschinelle Unterstützung verzichtet wird

Zum Murnauer Schäfflertanz gehören Bilder vergangener Zeiten

Special MAIBAUM

Mai-Schwalben

Die Maibaum-Tradition ist eine der ältesten Oberbayerns. Nur Technische Überwachungsvereine kannte vor 500 Jahren niemand. Alle drei Jahre wollen die Männer vom TÜV die Maibäume kontrollieren. Meist sind sie dann allerdings schon weg. „Die meisten fällen den Maibaum nach drei Jahren, bevor die teure Prüfung kommt, lassen ein Jahr einen Stumpf stehen, und dann wird ein Neuer aufgestellt", so der Riegseer Schützen- und Maibaum-Zeremonienmeister Herbert Veit. Das halbe Dorf ist dort involviert: 65 Männer mit Schwaibln, den Schwalben, langen Stangenpaaren zum manuellen Hochstemmen des Maibaums, und 25 Frauen zum Girlanden binden. Wichtigster ist dabei der Holzknecht: Sepp Wörner leitet das Aufstellen des 36 Meter langen und 48 Jahre alten Stamms und sagt: „Bei 45 Grad ist der schwierigste Punkt. Nur da ist's a bisserl g'fährlich …"

EIN FOLGENREICHER STURZ

Die malerischen Winkel und Gässchen im alten Kern sowie das von dem Historismus verpflichteten Emanuel von Seidl gestaltete, denkmalgeschützte Häuserensemble des Ober- und Untermarktes waren jedenfalls oftmals die Motive ihrer Bilder. Kennengelernt haben sich die beiden dagegen im Moos. Der Sommer 1902 war regnerisch. In der Frühe hingen Nebelfetzen über den Seen, der Tau tropfte von den Bäumen. Mit dem Fahrrad ging es hinaus aufs Land, raus aus dem Atelier, Natur aufsaugen. Und der Herr Lehrer, Wassily Kandinsky, muss wohl zum Spaß nach der Lenkstange einer Schülerin gegriffen haben. Beide kamen zu Fall – und sich körperlich näher. Die Schülerin hieß Gabriele Münter und wurde seine Geliebte.

Murnau war einst das künstlerische Zentrum der Gegend. Mit seinem südlichen Flair, Fußgängerzone, Straßencafés und Wirtshäusern mit frisch gebrautem lokalen Kargbräu ist der 12 000-Einwohner-Markt heute auch das touristische Zentrum des Blauen Landes. Sieben weitere Orte, allesamt im Einzugsbereich der beiden Seen Staffel- und Riegsee gelegen, ergänzen die Region, in deren südlicher Nachbarschaft zwei Highlights liegen, die kaum ein US-Amerikaner auf Deutschland-Tournee auslässt.

Auch Oberammergau ist für Lüftlmalerei bekannt

Eindrucksvoll in ein kleines Tal gebettet: Schloss Linderhof inmitten seiner ausgedehnen Parkanlage

Oberammergaus Holzschnitzereien sind Geschmachssache

Linderhof gehört zu den Pflichtzielen vieler außereuropäischer Reisegruppen – und beeindruckt die meisten Besucher außerordentlich

IM REICH DES KINI

Also auf einen Abstecher nach Klein-Amerika: Das liegt gleich hinter Kloster Ettal. Sein richtiger Name lautet Oberammergau. Häuser mit Lüftlmalerei, hingestreut vor eine zackengekrönte Bergwand, Mädchen im Dirndl, Buben in Lederhosen und überall Amerikaner, auch ohne Passionsfestspiele: „Oh, look!", tönt eine Texanerin. Essen da doch ein paar Männer mit Gamsbarthüten dicke weiße Würste und trinken Bier aus riesigen Maßkrügen – und das am frühen Morgen. Es ist eben alles ein bisschen anders als zu Hause. Gleiches gilt ein paar Kilometer weiter, hinten im Graswangtal, wo der scheinbar verrückte König der Bayern eines seiner Märchenschlösser erbauen ließ: Linderhof ist das einzige der Ludwig-II.-Domizile, das der Monarch fertiggestellt erlebte. „Oh, look!", schreit jetzt eine Kalifornierin. „This man must have been crazy!" Ja, kann sein. Außen Rokoko, innen ein Rausch aus Gold und Samt, Kristall und Porzellan, Lapislazuli und Malachit – und dazu im Park eine Venusgrotte. Dort ließ sich Ludwig im vergoldeten Kahn über den unterirdischen See rudern. Auch in diesem Fall – hätte man die Szenen denn erleben dürfen – wäre es kein Weißbier zuviel gewesen und auch keine Halluzination, sondern einfach nur der blanke Wahnsinn ...

Die Grenzen sprengen

Die Künstlervereinigung Der Blaue Reiter wurde 1911 von Wassily Kandinsky und Franz Marc gegründet. Ihr Ziel war die Befreiung von der erstarrten Tradition akademischer Malerei. Die Landschaft inspirierte sie. Und so machten ihre Wohnorte Murnau und Sindelsdorf das Blaue Land zum Geburtsort und bis heute zu einem Zentrum expressionistischer Kunst.

Der Begriff ist ungewöhnlich, die Erklärung simpel: „Den Namen Der Blaue Reiter erfanden wir am Kaffeetisch in der Gartenlaube in Sindelsdorf. Beide liebten wir Blau, Marc – Pferde, ich – Reiter. So kam der Name von selbst“, schrieb Kandinsky. Wichtiger als die Namensgebung war jedoch das Programm, eine Abkehr von der erstarrten, autoritären und emotionslosen wilhelminischen Gesellschaft. Wassily Kandinsky und Franz Marc wollten deren Grenzen des künstlerischen Ausdrucksvermögens sprengen, neue Farbwelten entdecken und bis in metaphysische Dimensionen vordringen. Verbindendes Element war die expressionistische Konzeption im Kopf jedes Einzelnen: im Sinne von Abbildung irrealer, phantastischer Welten, von Träumen und Sphären des Unterbewussten. Franz Marc glaubte, jeder Mensch habe eine innere und eine äußere Erlebniswirklichkeit, die durch die Kunst zusammengeführt werden könne. Paul Klee beschrieb: „Die Kunst gibt nicht das Sichtbare wieder, sondern macht sichtbar.“ Zu den wichtigen Mitgliedern der Gruppe gehörten neben Kandinsky, Marc und Klee auch August Macke, Alfred Kubin und Gabriele Münter.

Im Murnauer Münter-Haus ist auch dieses Selbstbildnis von Gabriele Münter zu sehen

Hier trafen sich die Künstler:
Münter-Haus in Murnau

„Eselfries" von Franz Marc im Marc-Museum von Kochel am See

GEBÜNDELT IN EINEM ALMANACH

Der erste Almanach des Blauen Reiters mit 141 Reproduktionen, 19 Artikeln und drei Musikbeilagen erschien nach der ersten Ausstellung der Gruppe 1911. Fast alle Vorarbeiten für das die Ausdrucksvielfalt der verschiedenen Künstler spiegelnde Werk fanden in Murnau statt, dem Wohnsitz Kandinskys und Münters, oder in Sindelsdorf, wo Franz Marc lebte. Vor allem das Müntersche Haus, von Einheimischen seinerzeit „Russenhaus" genannt, war Treffpunkt. Übersetzungen in nahezu alle Weltsprachen begründeten den Ruf und machten die Künstler im Umfeld des Blauen Reiters zu den wichtigsten Wegbereitern moderner Kunst im 20. Jahrhundert.

Die gemeinsame Schaffenzeit war jedoch begrenzt. Als 1914 der Erste Weltkrieg ausbrach, floh Kandinsky mit Gabriele Münter zunächst in die Schweiz, später alleine nach Russland. Marc und Macke starben im Krieg. Der geplante zweite Almanach erschien nicht mehr.

EINE SCHÜTZENDE HAND

Nach der Trennung bemächtigte sich Gabriele Münter vieler Werke ihres früheren Geliebten und konnte sie so vor den Nazi-Schergen sichern. 1957, zu ihrem 80. Geburtstag, schenkte sie rund 400 Kandinskys der Stadt München, die sie in der Städtischen Galerie im Lenbachhaus ausstellt. Das Münter-Haus wurde auf Wunsch der Künstlerin zu einer Stätte der Erinnerung an den Blauen Reiter und nach alten Plänen, Skizzen und Fotografien renoviert. Unter anderem ist das Wohnzimmer, einst Treffpunkt der Künstler, das Atelier und Räumlichkeiten im Obergeschoss, in denen der Almanach zur Welt kam, in weitgehend ursprünglichem Zustand zu sehen.

MUSEEN

*Im **Schlossmuseum** ist die weltweit größte Werkschau von Münter-Bildern zu sehen (Schlosshof, Murnau, Tel. 0 88 41/4 76 07, www. schlossmuseum-murnau.de; Di.–So. 10.00–17.00 Uhr).*
*Das **Münter-Haus** ist Museum mit Werken der Künstler Münter und Kandinsky und Erinnerungsstätte zugleich, die einen Einblick in die Lebens- und Arbeitsweisen der beiden gibt (Kottmüllerallee 6, Murnau, Tel. 0 88 41/62 88 80, www.lenbachhaus.de; Di.–So. 14.00–17.00 Uhr).*
*Das **Franz-Marc-Museum** zeigt einen Querschnitt aus dem Werk dieses „Blauer-Reiter"-Mitglieds (Franz-Marc-Park 8, Kochel am See, Tel. 0 88 51/92 48 80, www.franz-marc-museum.de; April–Okt. Di.–So. und Fei. 10.00–18.00, sonst Di.–So. und Fei. 10.00–17.00 Uhr).*

Maßstab 1:200.000
0
2
4km
Pfaffenwinkel
WEILHEIM in Oberbayern
Peiting
Hohenpeißenberg
Peißenberg
Polling
Seeshaupt
Iffeldorf
Eberfing
Huglfing
Uffing am Staffelsee
Obersöchering
Habach
Sindelsdorf
Benediktbeuern
Rottenbuch
Böbing
Wildsteig
Bad Bayersoien
Saulgrub
Bad Kohlgrub
Seehausen am Staffelsee
Staffelsee
Riegsee
Murnau am Staffelsee
Großweil
Schlehdorf
Kochel am See
Kochelsee
Ohlstadt
Murnauer Moos
Unterammergau
Oberammergau
Eschenlohe
Walchensee
Ammergauer Alpen
Ettal
Oberau
Estergebirge
Farchant
Wallgau
Krün
GARMISCH-PARTENKIRCHEN
Grainau
Eibsee
Zugspitze
Alpspitze
Werdenfelser Land
Wettersteinwand
Wettersteingebirge
Mittenwald
Karwendelspitze
Karwendeltal
Scharnitz
Leutasch
Ehrwald
Biberwier
Naturschutzgebiet
Deutsche Alpenstraße
Romantische Straße
Wieskirche "Die Wies"
Schloss Linderhof
Hoher Fricken
Krottenkopf
Hochplatte
Hoher Kranzberg
Soiernspitze
01
02
03

Die immer andere Stimmung …

… gehört zum Blauen Land wie ein Kreuz auf einen Alpengipfel. Je nach Tages- und Jahreszeit zeigen sich Himmel und Erde, Berge, Moor und die zehn Seen von klar bis wie mit einem blauen Schleier versehen. Mitten drin liegen Murnau nebst ein paar Dörfern, in denen moderne Kunstgeschichte geschrieben wurde. Schloss Linderhof, Oberammergau und Ettal bieten ein königlich-bayerisch-klerikales Kontrastprogramm.

Herbststimmung im Murnauer Moos

01 MURNAU AM STAFFELSEE

Mit rund 12 000 Einw. und 1500 Gästebetten ist der Luftkurort das Zentrum des Blauen Landes. Natur und Kunst, Kultur und Geselligkeit – das Städtchen und seine Umgebung haben etwas zu bieten. Bis zu dessen Säkularisation, gehörte Murnau zum Einflussbereich des Klosters Ettal. Seit Jahrzehnten ist es Garnisonsstandort.

Sehenswert

Am schönsten ist Murnau am lang gestreckten **Obermarkt** mit einer Mariensäule und vielen Cafés. Etwas abseits steht die barocke **Pfarrkirche St. Nikolaus** (um 1730). Das häufig umgebaute **Schloss** geht auf einen Burgbau des 13. Jh. zurück. Das Ähndl, wie die **St.-Georg-Kirche** (Urspr. 8. Jh.) am Ende der Ramsachstraße genannt wird, ist einen Spaziergang wert, war es doch Motiv in Kandinskys Almanach „Der Blaue Reiter".

Museen

Das **Schlossmuseum** beherbergt die weltweit größte Werkschau von Münter-Bildern und zeigt neben der Blauen-Reiter-Abteilung und einer zur Hinterglasmalerei Sonderausstellungen (Schlosshof, Tel. 0 88 41/4 76 07, www.schlossmuseum-murnau.de; Di.–So. 10.00 bis 17.00 Uhr). Das **Münter-Haus**, 1909–1914 von Gabriele Münter (1877–1962) und Wassily Kandinsky (1866–1944) bewohnt, ist ein Museum mit Werken der Künstler und gleichzeitig eine Erinnerungsstätte, die einen Einblick in die Lebens- und Arbeitsweise der beiden gibt. Zugleich hat man von dort einen der schönsten Ausblicke von Murnau auf Berge und Moos (Kottmüllerallee 6, Tel. 0 88 41/62 88 80, www.lenbachhaus.de; Di.–So. 14.00–17.00 Uhr).

Aktivitäten

Viele Besucher kommen wegen des 7,7 km² großen **Staffelsees** ▶**TOPZIEL**. Er ist der ideale Badesee, da der wärmste See Bayerns nicht von kalten Bergzuflüssen, sondern von warmen Moorbächen gespeist wird. Es gibt Badestrände, Bootsverleih, und die „MS Seehausen" bietet Rundfahrten an (Tel. 0 88 41/62 88 33, www.staffelseeschifffahrt.de).

Geführte **Schlauchboottouren** auf der Loisach gibt es ab Murnau u.a. nach Eschenlohe, Farchant, Oberau oder zum Kochelsee günstig bei Bavariaraft (Enzianstraße 1, 82441 Ohlstadt, Tel. 0 88 41/6 76 98 70, www.bavariaraft.de).

Radfahren ist fast ohne Grenzen möglich, denn die Mitnahme des Rads im Zug ist vom Großraum Murnau bis Oberammergau kostenfrei (Fahrradverleih: u.a. Ogiermann, Untermarkt 48, Murnau, Tel. 088 41/23 34; Verkehrsamt, Hauptstraße 2, Uffing, Tel. 0 88 46/92 02 13).

Wandern im Murnauer Moos, dem größten Moor im deutschen Alpenraum ist einmalig; ein 12 km langer Moosrundweg ist ausgeschildert (Führungen Do. 09.30 Uhr, Dauer 5 Std., Treffpunkt am „Ähndl", Ramsachstraße).

Die guten Windverhältnisse machen den Riegsee zum **Surfrevier.** Einen Brettverleih gibt es in der Schule Werdenfels (Neuegling, Tel. 0 88 21/23 09).

> **Tipp**
>
> ### Die Wasserwallfahrt
>
> Die Seehauser Fronleichnamsprozession beginnt am 2. Do. nach Pfingsten mit einem Gottesdienst um 8.00 Uhr, ehe es in bester Tracht zur Anlegestelle am Staffelsee geht. Die Fähre mit Priester, Chor und Musikanten sowie zahllose Kähne wallfahren dann via Jakobsinsel zur Kapelle auf der Insel Wörth. Zurück in Seehausen, werden alle Prozessionsteilnehmer gesegnet – auch die Gäste, denn sie sind willkommen.
>
> *Verkehrsamt Seehausen am Staffelsee, Johannisstraße 8, 82418 Seehausen am Staffelsee, Tel. 08 88 41/35 50, www.seehausen-am-staffelsee.de*

Veranstaltungen

Herausragend sind das **Fischerstechen** in Seehausen an Maria Himmelfahrt (15. Aug.) und der **Schäfflertanz** in Murnau (www.schaeffler-murnau.de; wieder 2013). In Froschhausen findet am 6. Nov. ein **Leonhardi-Umzug** zur St.-Leonhard-Kirche am See statt.

Hotel und Restaurant

Urlaub auf dem Bauernhof und dennoch günstig und komfortabel, das bietet das **€/€€ Gästehaus Steigenberger** (Ramsachstraße 10, 82418 Murnau, Tel. 0 88 41/22 69, Fax 0 88 41/ 9 02 18, steigenberger@foni.net), Geranien an den Balkonen und einen hoteleigenen Badestrand das **€ Hotel Alpspitz** (Seestraße 14, 82418 Riegsee, Tel. 0 88 41/6 10 90, Fax 0 88 41/ 61 09 30, alpspitz_riegsee@web.de).

Der Chef kocht selbst in der **€ Seestube** mit großer Terrasse und Seeblick (Seestraße 21, Riegsee, Tel. 08841/2677, www.seestube-riegsee.homepage.t-online.de).

Umgebung

Seehausen mit seinem traditionellen Ortsbild, in dem noch Bauernhäuser mit Lüftlmalereien zu finden sind, und **Uffing** mit zwei Strandbädern sind – ob mit dem Schiff, Auto oder Fahrrad – einen Aufenthalt wert. Von Seehausen lässt sich der Archäologiepark auf der Insel Wörth mit Ausgrabungen eines frühmittelalterlichen Klosters besuchen (nach Abspr. mit der Staffelseeschifffahrt).

Eglfing ist ein uriges Dorf mit Gehöften nebst Zwiebelturmkirchlein und liegt wie **Spatzenhausen** zwischen Staffel- und Riegsee.

Grafenaschau dagegen befindet sich direkt am Naturschutzgebiet Murnauer Moos, unterhalb des Hörnle mit 1548 m: ein Idyll ohne Lärm und Stress.

Der östl. benachbarte **Riegsee** ist ungefähr halb so groß wie der Staffelsee und noch urtümlicher. Viele Privatvermieter bieten einen eigenen Seezugang. See und Ufer sind Landschaftsschutzgebiet, was sicherstellt, dass der Riegsee in seiner Natürlichkeit erhalten bleibt. Baden ist trotzdem erlaubt. Südl. liegt der noch kleinere **Froschhauser See,** dessen Ufer eingewachsen sind. Baden ist am Badeplatz an der Riegseer Straße erlaubt, Boote und Schwimmgeräte sind dagegen verboten.

Sindelsdorf (25 km nordöstl.) war 1909–1914 Wohnort von Franz Marc (1880–1916), er hat das Dorf bekannt gemacht. Marcs französischer Malerfreund Robert Delaunay zählte Sindelsdorf gar zu den Zentren der modernen Malkunst. Marcs Gartenlaube (Franz-Marc-Straße 1) kann besucht werden. Das berühmte „Blaue Pferd" entstand dort 1911.

Nach **Großweil** (10 km östl.) fährt man wegen des **Freilichtmuseums Glentleiten** ▶TOPZIEL. Es umfasst 60 Gebäude wie Almen, Bauernhöfe, Mühlen und Werkstätten, die ein umfassendes Bild von der bäuerlich geprägten Vergangenheit Oberbayerns zeigen (An der Glentleiten 4, Tel. 0 88 51/18 50, www.glentleiten.de; Ende März–Anf. Nov. Di.–So. 9.00–17.00/ 18.00 Uhr, kurzer Rundgang etwa 2½ Std.).

Information

Tourist-Information, Kohlgruber Straße 1, 82418 Murnau, Tel. 0 88 41/6 14 10, Fax 0 88 41/61 41 21, www.murnau.de und www.dasblaueland.de

02 OBERAMMERGAU

Alle 10 Jahre wieder und das seit 1634: Die Geschichte der Oberammergauer Passionsspiele

Glentleiten zeigt auch Bauerngärten

ist untrennbar mit der Zeit des Dreißigjährigen Kriegs verbunden, als auch wegen der Pest viele Menschen starben. Die Bürger gelobten seinerzeit, alle 10 Jahre Passionsspiele aufzuführen, damit das Leid ein Ende nähme. Für das Passionsspiel 2010 lassen sich alle Mitwirkenden, dem Haar- und Barterlass folgend, seit Februar 2009 wieder Haare und Bärte wachsen. Aus dem noch älteren bäuerlichen Nebenerwerb der Schnitzkunst entstand ein hoch entwickeltes Handwerk mit einem europaweiten Vertriebsnetz. Bis heute entstehen in Oberammergau weit mehr als Kruzifixe.

Sehenswert

Auch außerhalb der Passionsspieljahre lässt sich das **Festspielhaus** erkunden. Die Rundbogen-Freilichtbühne wurde 1999 umfangreich renoviert und bietet seitdem 4720 überdachte Sitzplätze (tgl. mehr als zehn Führungen).

Die zahlreichen **Hausfassaden mit Lüftmalerei** sind sehenswert. Oberammergaus Zentrum wirkt zuweilen wie ein Freilichtmuseum. Franz Seraph Zwinck, 1748 in Oberammergau geboren, gilt als Gründer der Lüftlmalerei, eine zum Teil illusionistische Fassadenmalerei und dem Trompe-l'œil ähnlich. Zwinck wohnte im Haus Zum Lüftl – so wird vermutet, dass der Begriff Lüftlmalerei in diesem Hausnamen seinen Ursprung hat. Die barocke **Pfarrkirche St. Peter und Paul** (um 1740) gilt als herausragendes Werk des Baumeisters Josef Schmuzer.

Museum

Das **Pilatushaus** ist eines der schönsten mit Lüftlmalereien geschmückten Häuser Oberbayerns und gleichzeitig eine offene Werkstatt für Kunst und Kunsthandwerk. Der Verurteilung Jesu durch Pilatus, ein Werk Zwincks von 1784, gab dem Haus den Namen. In der „Lebenden Werkstatt" kann man Kunsthandwerkern über die Schulter schauen und mit den Schnitzern oder Töpfern sprechen (Ludwig-Thoma-Straße 10, Tel. 0 88 22/94 95 11; Mitte Mai–Mitte Okt. Di.–Sa. 13.00–18.00 Uhr). Im Handwerkerladen wird alles Angefertigte und Ausgestellte auch verkauft.

Veranstaltungen

Die Premiere der **Passionsspiele** ▶TOPZIEL 2010 ist am 15. Mai. Gespielt wird bis 3. Okt.

Hotel und Restaurant

Schurloses Internet hinter Lüftlmalereien? In der €€ **Alten Post** geht das (Dorfstraße 19, 82487 Oberammergau, Tel. 0 88 22/91 00, Fax 0 88 22/91 01 00, www.altepost.com).

Im €€/€€€ **Feldmeier** kocht der Feldmeier selbst und bayerisch fein dazu (Ettaler Straße 29, Oberammergau Tel. 0 88 22/30 11, www.hotel-feldmeier.de).

Der Himmel scheint offen: Klosterkirche Ettal

Information

Tourist-Information, Eugen-Papst-Straße 9a, 82487 Oberammergau, Tel. 0 88 22/92 27 40, Fax 0 88 22/92 27 45, www.oberammergau.de

03 ETTAL

Der Wallfahrtsort (800 Einw.) liegt 900 m hoch und ist bekannt durch seine 1330 von Kaiser Ludwig dem Bayern gegründete Abtei sowie als Ausgangspunkt für Besuche nach Schloss Linderhof.

Sehenswert

Die im 18. Jh. nach einem Brand von Josef Schmuzer barockisierte **Klosterkirche** gehört zu den monumentalsten Gotteshäusern in Oberbayern. Der gotische Vorgängerbau wurde 1370 Unserer Lieben Frau zu Ettal geweiht. Das Kuppelfresko und das aus Carrara-Marmor gemachte Gnadenbild der Madonna sind berühmt – es ist jedes Jahr Ziel der Wallfahrer.

Museen

Wo der Klerus waltet, ist eine Brauerei nicht weit. Seit 1609 wird in Ettal Bier gebraut. Das **Brauereimuseum Kloster Ettal** gibt Einblicke in diese Tradition (Kaiser-Ludwig-Platz 1, Tel. 0 88 22/7 40, www.kloster-ettal.de; Besichtigung und Führungen nach Abspr.). Passend dazu lässt sich auch die **Schaukäserei Ammergauer Alpen** besuchen (Mandlweg 1, Tel. 0 88 22/92 39 26, www.milch-und-kas.de; Di.–Sa. 11.00 Uhr nach Anm.; Käserei Di.–Sa. 10.00 bis 17.00, So. und Fei. 11.00–17.00 Uhr).

Einkaufen

Ob Kini-Poster oder königliche Papierservietten, ob Bücher, die Ludwig zum Thema haben, oder

Tipp

Ran ans Messer

Seit Jahrhunderten wird Oberammergau von der Holzschnitzerei geprägt. Und deshalb bietet es sich an, eben dort selbst zum Schnitzwerkzeug zu greifen – unter fachmännischer Anleitung, versteht sich. Der Meister bringt dem Ferienlehrling in einem Intensivkurs bei, wie aus einem groben Lindenholzklotz eine filigrane Figur wird.

Termine und Informationen der Oberammergauer Tourist-Information; Kursdauer 5 Tage mit je 6 Std.

Schmuck nach historischen Vorbildern: Im Museumsladen von Schloss Linderhof wird jeder fündig. Stöbern kann man auch schon mal auf www.schloesser-bayern-shop.de.

Hotel und Restaurant

Am nähesten dran an Ludwig ist man im **€/€€ Schlosshotel Linderhof** (Linderhof 14, 82488 Ettal, Tel. 0 88 22/7 90, Fax 0 88 22/43 47, www.schlosshotel-linderhof.de).
Auf halbem Weg zwischen Ettal und Linderhof lohnt es sich, an die Köstlichkeit eines frischen Saiblings zu denken: **€/€€ Gasthaus zum Fischerwirt** (Linderhofer Straße 15, Graswang, Tel. 0 88 22/63 52, www.zum-fischerwirt.de).

Umgebung

20 km westl. liegt im Graswangtal **Schloss Linderhof** ▶**TOPZIEL**, einer der Prachtbauten Ludwigs II. Es ist der einzige größere, den der bayerische König vollendet erlebte. Zwischen 1869 und 1878 wandelte sich eine hölzerne Almhütte in ein Rokokoschloss mit prächtiger Parkanlage, die Carl von Effner schuf. Der Maurische Kiosk mit dem berühmten Pfauenthron ist das Prunkstück in der Gartenlandschaft, die Venusgrotte das vielleicht märchenhafteste Stück aus der Traumwelt Ludwigs. Sie ist der Blauen Grotte von Capri nachempfunden und versetzte den König in die Stimmung von Richard Wagners „Tannhäuser". Die Terrassenanlage bietet den schönsten Blick auf Schloss Linderhof (Tel. 0 88 22/9 20 30, www.schlosslinderhof.de; April–Mitte Okt. 9.00–18.00, Mitte Okt.–März 10.00–16.00 Uhr; geschl. 1. Jan., Faschingsdienstag, 24., 25. und 31. Dez.).

Information

Tourist-Information, Ammergauer Straße 8, 82488 Ettal, Tel. 0 88 22/35 34, Fax 0 88 22/63 99, www.ettal.de

Bilder selbst erfahren

Radeln und dabei Motive der Künstler des Blauen Reiters erahnen, manchmal sogar definitiv erkennen. Von den rund 220 km Radwegen im Blauen Land können 170 km mit dem Rennrad, 100 km mit dem Mountainbike und 50 km als Kunstfreund mit jedem Drahtesel genutzt werden. Die Tour ist Sport, Spaß und Sinneserfahrung in einem.

Wer das Foto Wassily Kandinskys mit Fahrrad kennt, möchte ihn rund 100 Jahre später vielleicht nachahmen, seine Motive für die weltberühmten Gemälde finden und sehen. Auf den Spuren des Blauen Reiters lassen sich die Stellen aufsuchen, an denen die Künstler ihre Staffeleien aufgebaut haben. Ob Kandinsky oder Münter, Marc oder Jawlensky – bislang nur auf Leinwand gesehene Bilder rücken nun ganz eng an einen heran. Man erkennt Kandinskys „Murnau mit Kirche", Jawlenskys „Sommerabend in Murnau" und Münters frühe „Kahnpartie" (1910), die späteren Bilder „Der blaue See am Mittag" (1923) und „Staffelsee mit Nebelsonne" von 1931. Das alles in einem der intaktesten Moore Europas, das größtenteils ein Niedermoor ist, dem das Wasser sprichwörtlich bis zum Hals steht. Denn das Grundwasser reicht bis in den Wurzelbereich der Pflanzen, wie es für ein Niedermoor typisch ist.

Hier wird es Kindern nicht langweilig

Sport und Kultur vereinbart

WEITERE INFORMATIONEN

Zwei Tage und 50 km lang ist die Tour, die Di. bis So. von der Murnauer Tourist-Information angeboten wird. Eine kommentierte Karte dazu ist erhältlich, und ein Fahrrad lässt sich u. a. bei Ogiermann in Murnau leihen (Untermarkt 48, Tel. 0 88 41/23 34).

Wo der Wind um die Ohren pfeift

Spätestens bei Garmisch-Partenkirchen endet das liebliche Alpenvorland. Im Wettersteingebirge und Werdenfelser Land beginnt raues hochalpines Terrain, das bis knapp an die 3000-Meter-Marke heranreicht. Auf Idylle braucht dennoch niemand zu verzichten. Von Menschenhand geschaffene, einsam gelegene Schlösser locken, während die Natur mit romantischen Seen und verwunschenen Schluchten verzückt.

Geschafft – am Gipfelkreuz der Zugspitze

Garmisch-Partenkirchen hat durchaus seine idyllischen Seiten – am Mohrenplatz beispielsweise

Bayerische Tracht ist beim Gaufest in Grainau nahezu verbindlich

Kalkhaltiger Untergrund ist die Voraussetzung für die um Mittenwald und Krün teilweise noch erhaltenen und nicht zwecks einfacherer Bearbeitung eingeebneten Buckelwiesen. Bei der Verwitterung des Kalkbodens entstehen die charakteristischen Mulden

Blick vom Wank auf das 1000 Meter tiefer liegende Garmisch-Partenkirchen

Special OLYMPIA-BEWERBUNG

Zum Zweiten

München mit den Eisveranstaltungen plus Garmisch-Partenkirchen mit den Wettkämpfen auf Schnee, also vor allem Alpinski und Langlauf, und Königsee mit den Bob- und Rodelentscheidungen – so lautet das Konzept. Einen symbolischen Euro bekommt Willy Bogner. Der Top-Skifahrer der 1960er-Jahre und Modemann wurde zum Chef des Bewerbungskomitees für die Olympischen Winterspiele 2018 in München und Garmisch-Partenkirchen berufen. Trotz der Favoritenrolle nimmt er die Mitbewerber Pyeongchang in Südkorea und Annecy in Frankreich „verdammt ernst“. Die Entscheidung fällt im Juli 2011. Es wären die zweiten Spiele nach 1936 für Garmisch-Partenkirchen (Winter) und München 1972 (Sommer). Falls der Zuschlag nach Deutschland ginge, wäre München die erste Stadt, die sowohl Sommer- als auch Winterspiele austrug.

Diese Geschichte ist einerseits eine tragische, aber auch glücklich endende. Sie beginnt 1913. Mary Isabel Portman wollte sich einen Traum erfüllen. The Honourable Mary, Aristokratin aus einer der reichsten Familien Englands, ließ sich das bis heute einzige englische Schloss in den Alpen erbauen. 1913 kaufte sie die Kranzbachwiese, auf 1040 Höhenmetern gelegen. Die 1615 Hektar gingen für damals stolze 4192 Mark über den Tisch des Königlichen Notariats von Garmisch. Peu à peu entstand ein Schloss wie im schottischen Hochland: mit einer 150 Meter langen Auffahrt, zwei Tor- und Wirtschaftshäusern und im Zentrum dem Mary-Portman-House – allesamt nach Westen mit Blick auf die Zugspitze ausgerichtet. Stufengiebel im Tudor-Stil und die auch im Nachbarland Tirol typischen weiß-roten Fensterläden sind bis heute kennzeichnend. Das Kleinod war komplett von hohen Bergen und immergrünem Tannenwald umgeben. Keine anderen Bauwerke trübten die Sicht.

Die Tragik der Geschichte besteht darin, dass Mary ihr fertiges Traumschloss Kranzbach nie sah, geschweige denn bewohnte. Wegen des Ersten Weltkriegs konnte die Erbauerin nicht mehr nach Deutschland zurückkehren. Und 1931 verstarb sie.

Glücklicherweise überstand das englische „Schloss“ in den Alpen die beiden Weltkriege unversehrt und konnte schließlich nach mehreren Besitzerwechseln zu einem Wellness-Refugium werden, das diese Bezeichnung wirklich verdient. Hier wird die Landschaft zur großen Bühne: Von den verglasten Saunen blickt man mit Panoramasicht auf die Karwendelspitze, von den ebenso verglasten Ruheräumen auf die Wettersteinspitze und von den im Winter beheizten Pools über die Alpspitze hinweg auf die Zugspitze.

LUDWIGS HÜTTENTRAUM

Die mautpflichtige Straße, die sich von Klais, Deutschlands höchstgelegenem Inter-City-Bahnhof, über „Das Kranzbach“ weiter zum „Schloss Elmau“ und als Wanderweg bis auf 1866 Meter zum Jagdhaus Schachen windet, ließ 1870 König Ludwig II. erbauen. Ludwigs Refugium am Schachen ist von außen kaum von einer Schweizer Alpenhütte zu unterscheiden. Aber drinnen glaubt der Besucher entweder sofort an den vielbeschriebenen Wahnsinn des Königs oder an Halluzinationen. Besonders im Türkischen Saal traut man seinen Augen nicht: Diwane, Lüster, Springbrunnen, alles aus Gold vor gold-rot-blauen Tapeten, Teppichen und der komplett verzierten Decke, als ob sich

Am Mittenwaldener Obermarkt reihen sich im Sommer die Cafés. Im Hintergrund ragt die Pfarrkirche St. Peter und Paul auf

Wie Bier, Weißwurst und Lederhose gehört die oftmals illusionistische Fassadenbemalung zu den Besonderheiten Oberbayerns und des benachbarten österreichischen Tirols. Mittenwald ist eine Hochburg dieser Lüftlmalerei.

Im Mittenwalder Leben hat jeder seinen Platz – zumindest in der Pfarrkirche St. Peter und Paul

Laßet uns am Alten, so es gut ist, halten. Aber auf dem alten Grunde Neues wirken jede Stunde.

Schildtext einer Lüftlmalerei in Mittenwald

Mittenwalder Ausflugsziele sind der Ferchensee und die Leutaschklamm, in die man durch die Regenbogenschlange gelangt.
Bei Garmisch-Partenkirchen ist die spektakuläre Partnachklamm zu finden

Im Riesenfernrohr kann man einen Blick auf alpine Ökosysteme werfen: Naturinformationszentrum an der Bergstation der Karwendelbahn

König Ludwig II. fühlte sich „... im stillen Gebirgshause auf steiler Höhe, von dichtem Nebel umhüllt, aber froh, dem Weltgetriebe entrückt zu sein“.

Über sein Jagdhaus Schachen im Wettersteingebirge

der Sultan von Konstantinopel eine Bergdependance gegönnt hätte.

Das Alleinsein gelang dem Märchenkönig in der luftigen Höhe denn auch wesentlich besser als in seinen viel bekannteren Hauptschlössern Neuschwanstein oder Linderhof. Die Einsamkeit auf knapp 2000 Metern Höhe ist bis heute weitgehend erhalten geblieben. Nicht einmal 7000 Besucher pro Jahr nehmen den drei- bis vierstündigen Marsch hinauf in die königlichen Höhen in Kauf. Zum Vergleich: Neuschwanstein wird von rund 1,3 Millionen Gästen jährlich besucht, Linderhof immerhin noch von etwa der Hälfte.

CHANCENLOSE PREUSSEN

Die Einheimischen des Werdenfelser Landes und Wettersteingebirges nennen ihre Heimat gern Gottes eigenes Landl. Wegen der offensichtlichen Schönheit kamen die Engländer um die Wende zum 20. Jahrhundert in Scharen – inklusive Mary Portman – und deshalb strömen bis heute die Preußen herbei. Keine Region Deutschlands zieht und zog so viele Pensionäre von jenseits des Weißwurst-Äquators an, wie das bekannteste Doppeldorf der Republik: Garmisch-Partenkirchen, von Hitler für die Olympischen Spiele von 1936 zwangsvereint, ist ein Weltdorf und Stadtnest im Schatten der majestätischen Zugspitze. Es wurde von der Natur reichlich garniert mit wunderschönen Seen wie dem Eib- und Rießersee oder engen Bergschluchten wie der Partnach- oder Höllentalklamm ganz in der Nähe. „GaPa“ hat etwas Urbayerisches, was „rei'ghockte Loisachpreiß'n“ – so werden die zugereisten Bewohner gerne genannt – zugleich anzieht und abschreckt. Bei einem Vorschlagswettbewerb für einen neuen Namen für die Bahnhofstraße kam der schier unglaubliche Vorschlag eines Ex-Berliners auf dem Tisch, sie doch bitteschön Unter den Linden zu taufen. Beim Fingerhakln würde man da sagen: Willst mi gschert übern Tisch ziehn, ha? Es blieb also bei Bahnhofstraße.

1198311 Übernachtungen wurden letztes Jahr gezählt, die Partnerstädte Aspen in den USA, Chamonix in Frankreich und Lahti in Finnland zeugen von Internationalität, aber aus Norddeutschland stammende Neubürger und Zweitwohnungsbesitzer haben es nicht einfach, selbst wenn sie sich bayerischer als die Hiesigen in Loden und Tracht hüllen. Es ändert nichts daran, was der bayerische Schriftsteller und Amtsrichter Herbert Rosendorfer einmal aufs Papier brachte: „Ein Neger kann Bayer werden, ein Preuße nie.“ Mary Portman hätte, so gesehen, also alle Chancen gehabt.

ANGEBOT FÜR GIPFELSTÜRMER

Ganz oben, wo Geister toben

Deutschlands höchster Punkt ist der Ostgipfel der Zugspitze. Er misst genau 2962 Meter. Das Dach der Republik bietet auf seinem Massiv auch das höchstgelegene Haus, Postamt, Hotel, Restaurant und Skigebiet Deutschlands. Vor allem aber einen 360-Grad-Panoramablick, der bei gutem Wetter die Sicht auf rund 400 Alpengipfel in vier Ländern freigibt.

Im Hintergrund der Waxenstein: Bergsteiger auf dem Weg zur Zugspitze

Zu Kaisers Zeiten galt die Zugspitze als kleiner Stumpen in den Alpen. Der damals höchste deutsche Gipfel hieß Kaiser-Wilhelm-Spitze, und die Schulbücher wiesen als Höhe 6011 Meter aus. Um ihn zu besuchen, musste man ins ferne Afrika reisen, nach Deutsch-Ostafrika. Heute heißt das Land Tanzania und die ehemalige Kaiser-Wilhelm-Spitze trägt den Namen Kilimanjaro. Der „Kili" wird mit 5895 Metern angegeben, denn die Kaiser-Wilhelm-Spitze wurde seinerzeit bewusst falsch vermessen, um der höchsten Erhebung im Deutschen Reich die Sechs vor der Tausend zu schenken.
Die Bundesrepublik Deutschland bäckt in Sachen Bergspitzen deutlich kleinere Brötchen. 2962 Meter Höhe für den Zugspitz-Ostgipfel beeindrucken zwar die Deutschen, aber die europäischen Nachbarn deutlich weniger: Höchster unter den Alpengipfeln ist schließlich der Mont Blanc mit 4808 Metern. Und trotz all dieser Zahlen und Rekorde: Die Deutschen lieben ihre Zugspitze. Sie ist Mythos, Gipfel der Nation und Pflichtstoff für die Schüler. Wer einmal oben war, versteht das auch und vergisst Rekorde wie Fakten. Was gibt es schöneres als ein Gipfelerlebnis rund um den nördlichsten Alpengletscher? Höchstens zwei Zugaben: die Zugspitze während des Sonnenuntergangs oder eine Fahrt in Vollmondnächten aufs Plateau zum nicht weniger fulminanten Mondaufgang.

Der höchste Berg Deutschlands gehört zum Wettersteingebirge und liegt an der Grenze von Bayern und Tirol. Bei schönem Wetter ist eine grandiose Rundumsicht auf bis zu 400 Gipfel vom Piz Bernina über den Ortler, die Wildspitze bis zum Großglockner

„Top Of Germany!" So wird für das „Dach Deutschlands" auf 3000 Metern geworben.

sowie nach München im Norden und Italien mit den Dolomiten im Süden möglich. Mehrere Bergbahnen führen nach oben. Die einfachste Route zu Fuß ist der Weg durch die Partnachklamm, wofür bis zu 14 Stunden einzuplanen sind und 2200 Höhenmeter bewältigt werden müssen.

Vor allem im Winter ist auf dem Zugspitzplatt Hochbetrieb

Der Berg ist der Überrest eines zu Kalk gewordenen Korallenriffs. Vor mehr als 200 Millionen Jahren lag an seiner jetzigen Stelle noch ein tropisch warmes Meer. Die Erstbesteigung erfolgte 1820 durch Leutnant Joseph Naus, der topografische Aufnahmen machte. Pfarrer Christoph Ott stellte 1851 mit 28 Helfern das Gipfelkreuz auf. 1897 folgte das „Münchner Haus", heute eine Alpenvereinshütte, einst das meteorologische Observatorium. Die Kreuzeckbahn ging 1926 in Betrieb. Sie war die erste Seilschwebebahn in Bayern, die 2002, nach 76 Jahren und 15 Millionen unfallfrei beförderten Fahrgästen am 7. April ihre letzte Fahrt machte. 1931 eröffnete das „Hotel Schneefernerhaus", und 50 Jahre später wurde die Kapelle Maria Heimsuchung geweiht.

400 000 Bergfreunde besuchen die Zugspitze pro Jahr. Einige leben zeitweise dort, weil sie die „höchsten" Arbeitsplätze der Republik begleiten, etwa Hausmeister Manfred Feldmeier, die 24-Stunden-Schicht-Meteorologen, die alle 60 Minuten ihre Berichte liefern, oder die Wissenschaftler des Max-Planck-Instituts für extraterrestrische Physik, die kosmischer Strahlung auf der Spur sind. Ein paar andere übernachten dort, wo der Wind pfeift, manchmal mit mehr als 200 Stundenkilometern, wo die Temperatur schon mal auf Arktis-Niveau fällt, dort, wo die Geister toben, wenn die letzte Bergbahn talwärts ging. In alter Zeit galt der Berg schließlich als verhext.

Nachdem 1992 das Aus für den Hotelbetrieb besiegelt wurde, können Touristen in einem Iglu-Dorf auf der Zugspitze schlafen. Es besteht von Dezember bis April aus gefrorenem Wasser – von den Betten, Wänden, Decken bis hin zur Bar. Der winterliche Sternenhimmel und das grandiose Panorama mit Natur, wohin das Auge reicht, dienen als Kulisse – auch von den beiden Whirlpools aus. Und zum Dinner geht es in das Restaurant-Iglu, in dessen Eisnischen die Besucher auf kuscheligen Fellen über diesen Berg sinnieren können, der sogar eine eigene Postleitzahl hat: 82475 steht für den Gipfel der Gefühle – nicht für alberne Rekorde.

BERGBAHNEN

Auf die Zugspitze kommt man tgl. mit der ***Zahnrad-Zugspitzbahn*** *(Garmisch–Zugspitzplatt), der* ***Eibsee-Seilbahn*** *(Eibsee–Zugspitzgipfel) und der* ***Gletscherbahn*** *(Zugspitzplatt–Zugspitzgipfel) in der Kernzeit 8.30 bis 16.15 Uhr (Bayerischen Zugspitzbahn, Tel. 0 88 21/79 70, www.zugspitze. de).*
Die ***Tiroler Zugspitzbahn*** *fährt auf österreichischer Seite tgl. von Ehrwald aus zwischen 8.40 und 16.40 Uhr (Tiroler Zugspitzbahn, Tel. 00 43/56 73/23 09, www.zugspitze.at).*

Futuristische Anbauten ergänzen das Schneefernerhaus, das heute der Klimaforschung dient.

Maßstab 1:200.000
0
2
4km
Pfaffenwinkel
WEILHEIM
in Oberbayern
Peiting
Hohenpeißenberg
Peißenberg
Polling
Seeshaupt
Eberfing
Iffeldorf
Huglfing
Antdorf
Obersöchering
Habach
Sindelsdorf
Benediktbeuern
Rottenbuch
Böbing
Uffing am Staffelsee
Seehausen am Staffelsee
Riegsee
Murnau am Staffelsee
Wildsteig
Bad Bayersoien
Saulgrub
Bad Kohlgrub
Großweil
Schlehdorf
Kochel am See
Kochelsee
Ohlstadt
Murnauer Moos
Unterammergau
Oberammergau
Eschenlohe
Walchensee
Ammergauer Alpen
Estergebirge
Ettal
Oberau
Naturschutzgebiet
Farchant
Wallgau
Krün
GARMISCH-PARTENKIRCHEN
Grainau
Eibsee
Zugspitze
Alpspitze
Werdenfelser Land
Mittenwald
Wettersteingebirge
Wettersteinwand
Karwendel
Scharnitz
Leutasch
Ehrwald
Biberwier
Deutsche Alpenstraße
Romantische Straße
01
02
03
04

Die beeindruckendste Bergkulisse …

… Deutschlands erlebt man im Werdenfelser Land mit dem Höhepunkt Zugspitze und dem benachbarten Wettersteingebirge. Berge recken in ihre Spitzen in die Höhe, der Eibsee zeigt sich malerisch in Tiefgrün, und archaische Buckelwiesen geben im Tal eine besondere Atmosphäre. Draußen atmet der Besucher klare, würzige Bergluft, und drinnen genießt er Kaminfeuer und Saunalandschaften mit Gebirgsblick.

01 GARMISCH-PARTENKIRCHEN

Garmisch wurde schon 802 erstmals erwähnt, Partenkirchen unwesentlich später. Bekannt wurden beide Dörfer aber erst nach Hitlers Zwangsvereinigung für die Olympischen Spiele 1936 (heute 29 000 Einw.).

Sehenswert

Partenkirchens **Ludwigstraße** ist die Prachtstraße der Stadt. Viele Häuser sind reich verziert oder bemalt, haben Erker, Säulen, zeigen Figuren und Madonnen. Anlieger haben sich im Verein Ludwigstraßler organisiert, um für den Erhalt der Bauten und fröhliche Straßenfeste zu sorgen. Garmischs **Alte Kirche** geht auf die frühe Gotik zurück (13. Jh.), für den Rokokobau **St. Martin** (um 1730) am Marienplatz zeichneten Wessobrunner Künstler verantwortlich. Der **Kurpark** ist eine Oase der Ruhe. Namengeber der Grünanlage war der Schriftsteller Michael Ende, Verfasser der „Unendlichen Geschichte" und einer der prominenten Söhne der Stadt.

Die **Sportanlagen** Garmisch-Partenkirchens sind durch Fernseh-Übertragungen weithin bekannt: das Olympia-Eisstadion, das Zielstadion am Gudiberg, das 2011 bei der Skiweltmeisterschaft wieder ein Zentrum des Skisports sein wird, und die moderne Skischanze (Führungen Sa. um 15.00 Uhr, Anmeldung bei der Tourist-Information bis 24 Stunden zuvor).

Museen

Das **Werdenfels Museum** in einem ehem. Kaufmannshaus auf dem 17. Jh. ist eines der bedeutendsten in Oberbayern (Ludwigstraße 47, Tel. 0 88 21/21 34, www.werdenfels-museum.de; Di.–So. 10.00–17.00 Uhr). Auch dem berühmtesten Bürger der Stadt ist ein Museum gewidmet; in der **Richard-Strauss-Villa** schrieb der Komponist (1864–1949) auch den „Rosenkavalier" (Schnitzschulstraße 19, Tel. 0 88 21/ 91 09 50, www.richard-strauss-institut.de; Mo. bis Fr. 10.00 bis 16.00 Uhr, Fei. geschl.).

Aktivitäten

Mindestens 14 Std. dauert es zu Fuß auf die Zugspitze auf dem längsten, aber einfachsten Weg über die Partnachklamm und das Reintal. Übernachtungsmöglichkeiten gibt es in der Reintalangerhütte (1369 m) sowie in der Knorrhütte (2070 m) – insgesamt sind 2200 Höhenmeter zu bewältigen (Informationen beim Deutschen Alpenverein, Tel. 0 89/5 51 70 00, www.alpen verein-muenchen-oberland.de).

Hotel und Restaurant

Baden im Pool mit chlorfreiem sogenanntem Granderwasser, schwitzen im Spa mit Saunen und Dampfbad, im **€/€€ Riessersee Hotel Sport & Spa Resort** ist das möglich (Riess 5, 82467 Garmisch-Partenkirchen, Tel. 0 88 21/ 75 80, Fax 0 88 21/7 58 123, www.riessersee.com). Alpenländische Gastlichkeit mit viel Holz ist im **€/€€ Hotel Kirchmayer** zu finden (Hauptstraße 14, 82490 Farchant, Tel. 0 88 21/ 6 87 33, Fax 0 88 21/63 45, www.hotel-kirch mayer.de). Von Dez. bis April lässt sich in

Heimatbekenntnis beim Gaufest in Grainau

€€/€€€ Iglus am Zugspitzplatt nächtigen (Bayerische Zugspitzbahn, Tel. 0 88 21/79 70, www.zugspitze.de).

Knusprige Haxn, fangfrische Forellen oder ein zarter Tafelspitz vom Werdenfelser Rind gibt es im **€/€€ Gasthof Schatten** (Sonnenbergstraße 10, Tel. 0 88 21/9 43 08 90, www.hotel-schatten.de). Bayrische Spezialitäten vereint der **€/€€ Berggasthof Bayernhaus** mit einem Hausberg-Traumblick (Drehmöser 4, Tel. 0 88 21/28 28, www.garmisch-bayernhaus.de).

Veranstaltungen

Wintersport steht oben an, darunter das traditionelle **Vierschanzenspringen** von der Olympia-Schanze um Jahresbeginn. Insgesamt gibt es fast 1000 Sportveranstaltungen pro Jahr. Über die Straßenfeste in der Ludwigstraße informiert www. ludwigstrassler.de.

Umgebung

Der idyllisch gelegene und auch im Sommer kühle **Rießersee** ist seit den 1920er-Jahren ein Begriff, weil dort auf Natureis die Eishockeyspiele des renommierten SC Rießersee ausgetragen wurden. Nicht minder romantisch gibt sich der dunkle **Pflegersee** (nördl.) zu Füßen des Königstands. Der Moorweiher hat einen Badeplatz mit Liegewiesen und Bootsverleih.

Die **Partnachklamm** gehört zu den eindrucksvollsten Gebirgsschluchten Deutschlands: 700 m lang, die Wände bis zu 86 m hoch (Tel. 0 88 21/ 31 67, www.partnachklamm.eu; Sommer tgl. 8.00–18.00, Winter tgl. 9.00–17.00 Uhr).

Auf die **Zugspitze** ▶**TOPZIEL** (s. auch S. 74) kommt man tgl. mit der Zahnrad-Zugspitzbahn (Garmisch–Zugspitzplatt), der Eibsee-Seilbahn (Eibsee–Zugspitzgipfel) und der Gletscherbahn (Zugspitzplatt–Zugspitzgipfel) in der Kernzeit 8.30–16.15 Uhr. Termine für Sonnenuntergangs- und Mondaufgangsfahrten gibt es bei der Bayerischen Zugspitzbahn (Tel. 0 88 21/79 70, www.zugspitze.de). Eine weitere Bergbahn auf Tiroler Seite von Ehrwald (www.zugspitze.at).

Die 2628 m hohe **Alpspitze** besitzt mit ihrem pyramidenförmigen Gipfel ein markantes Bergbild und die spektakuläre Aussichtsplattform „AlpspiX" (Bergbahn s. Zugspitzbahn). Der **Hausberg** (1327 m) bietet zahlreiche Wanderwege, an denen bewirtschaftete Almen liegen.

Wenn entlang der Bundesstraße 2 zahllose Heustadl und Streudrischen zu sehen sind, die selten gewordenen, kunstvoll aufgebauten, kegelförmigen Heuhaufen, sollte man rechts nach **Farchant** abbiegen. Der 4000-Einw.-Ort besitzt ein bayerisches Ortsbild. Auch Tracht gehört vielfach noch zum Alltag. Die nahe **Burg Werdenfels** wurde um 1230 gegründet und ist der Namengeber für das Werdenfelser Land. Zu sehen sind Reste der Burgmauer und des Burgtors. Dazu kommt ein wunderbarer Blick auf Loisachtal und Wettersteingebirge.

Information

Tourist-Information, Richard-Strauss-Platz 2, 82467 Garmisch-Partenkirchen, Tel. 0 88 21/18 07 00, www.gapa.de

Tipp

Auf Gletschertour

Das ewige Eis schmilzt. 1880 bedeckte das Gletscherareal am Zugspitzplatt noch 2,28 km², rund 100 Jahre später sind es nur noch 0,17 km². Wenn die Skier Pause haben – von Juni bis Sept. – darf gewandert werden. Der Gletscherwanderweg ist selbst für Kinder und Senioren binnen einer Stunde Gehzeit zu schaffen und bietet phantastische Aus- und Talblicke bis in 2000 m Tiefe.

Wettervorhersage mit Webcam auf www.zugspitze.de

Ein Sommerabend lässt am Barmsee die Alpen glühen

02 GRAINAU

Stolz nennen sie sich das Zugspitzdorf – geografisch näher dran an Deutschlands höchstem Berg ist keine andere Gemeinde, bekannt auch als Heimat der Automobilrennfahrer Hans und Hans-Joachim Stuck.

Sehenswert

Der grünlich glitzernde **Eibsee** zählt aufgrund von Farbe und Lage zu den schönsten Seen der bayerischen Alpen. Entstanden ist er durch einen Bergsturz vor erst knapp 4000 Jahren. Die **Höllentalklamm** ist eine der wildesten Felsschluchten der Alpen, etwa 700 m lang mit Engstellen von 2 bis 5 m, Felswänden bis 150 m Höhe und dem reißenden Hammersbach, dessen Tal einst Eisenerz- und Molybdän-Vorkommen bot. Einstieg ist im Ortsteil Hammersbach (Tel. 0 88 21/98 18 50, www.hoellentalklamm-info.de; ab Mai/Juni in den Sommermonaten). Geübte Wanderer und Bergsteiger gehen weiter bis auf die Zugspitze (Informationen, auch über Schutz- und Unterkunftshütten, beim Deutschen Alpenverein, Tel. 089/5517000, www.alpenverein-muenchen-oberland.de).

Veranstaltungen

Auch wegen der **Heimatabende** ist Grainau einen Abstecher wert. Was der Volkstrachtenverein „D'Höllentaler" auf die Bühne bringt, ergibt einen Streifzug durch bayerische Traditionen, vom Schuhplattler und Jodler bis zum Wettsägen der Holzknechte (Termine bei der Tourist-Information).

Information

Tourist-Information, Parkweg 8, 82491 Grainau, Tel. 0 88 21/98 18 50, Fax 0 88 21/98 18 55, www.grainau.de

03 KRÜN

Lüftlmalereien erzählen von 700 Jahren Ortsgeschichte, zeigen aber auch religiöse Inhalte. Versäumen sollte man auf keinen Fall ein Erbe der Eiszeit: die Buckelwiesen.

Umgebung

Die **Buckelwiesen** liegen zwischen Krün und Mittenwald und um den Barmsee. Eine Wanderung durch die verbliebenen 1000 ha ist ein Tipp für Liebhaber von weichen, malerischen Landschaftsformen. Außerdem lässt es sich im **Barmsee** schön baden.

Klais weist die höchstgelegene Inter-City-Bahnstation Deutschlands auf 993 m auf und ist Ausgangspunkt für Ausflüge nach Wamberg, dem höchstgelegenen Dorf mit Kirche in der Bundesrepublik (1016 m), zu den Schlosshotels **Kranzbach** und **Elmau** sowie zum **Jagdhaus am Schachen** ▶TOPZIEL im Wettersteingebirge, die Berghütte Ludwigs II. mit Maurischem Saal (Tel. 0 88 21/29 96, www.schachenhaus.de; Juni–Sept. vier tgl. Führungen 11.00 bis 15.00 Uhr); wer die mindestens 3-stündige Wanderung auf knapp 2000 m Höhe geschafft hat, wird im Berggasthof „Schachenhaus" mit Hausgeräuchertem und, wenn nötig, einem Matrazenlager „belohnt". Der Panoramablick auf das Wettersteingebirge und die Gipfel Dreitorspitze (2633 m) und Wettersteinwand mit ihrer Spitze auf 2488 m ist phantastisch.

Auch **Wallgau** (nördl.) zeigt rund um seine barockisierte Pfarrkirche St. Jakob (Urspr. 15. Jh.) Lüftlmalereien. Der Ort ist als Heimat der zweifachen Olympiasiegerin Magdalena Neuner (2010, Biathlon) und für sein internationales Schlittenhunderennen bekannt. Spazierwege führen zur malerischen Finzbachklamm und zum Großen Wasserfall (jeweils 1 Std.).

Hotel und Restaurant

Hotelluxus und ein erstklassiges Wellness-Refugium ist im €€€€ **Das Kranzbach** zu finden (82493 Kranzbach, Tel. 0 88 23/92 80 00, Fax 0 88 23/92 80 09 00, www.daskranzbach.de). Mit einfacher Speisekarte und einem Bettenlager auf knapp 2000 m wartet das € **Schachenhaus** auf (Tel. 01 72/8 76 88 68, www.schachenhaus.de; Juni–Sept.).

Information

Tourist-Information Krün, Schöttlkarspitzstraße 15, 82494 Krün, Tel. 0 88 25/10 94, Fax 0 88 25/22 44, www.kruen.de
Tourist-Information Wallgau, Mittenwalder Straße 8, 82499 Wallgau, Tel. 0 88 25/92 50 50, Fax 0 88 25/92 50 66, www.wallgau.de

04 MITTENWALD

Der Geigenbauort (seit dem 17. Jh.) ist ein Zentrum der sogenannten Lüftlmalerei, die in dem höchstgelegenen Luftkurort Deutschlands (7000 Einw.) wie auf Fassaden projizierte Geschichtsbücher wirken. Johann Wolfgang von Goethe sprach auf seiner Italienischen Reise von einem „lebendigen Bilderbuch" – das gilt weitgehend bis heute, zumal es noch aktive Lüftlmaler gibt.

Tipp

Für Körper und Geist

Die Sterneküche von Michael Hüsken steht nicht im Widerspruch zu den Schweißtropfen bei der Mountainbiketour. Und Familienorientiertheit schließt nicht aus, dass Kunst und Kultur im Tagesprogramm einen dominanten Stellenwert haben. Letzteres hat Tradition in diesem Haus, das 1916 erbaut wurde und lange Zeit Treffpunkt des deutschen Bildungsbürgertums war. Heute bietet es sechs Restaurants, vier Spas, Musikzimmer mit Flügel, Konzertsaal, Bibliotheken und vielerlei Sportmöglichkeiten – geführte Wander- und Bergtouren, Mountainbiken mit Guide, Tennis, Golf, Skisafaris, -alpin- und -langlauf u. v. m.

Schloss Elmau, 82493 Elmau, Tel. 0 88 23/180, Fax 0 88 23/1 81 7 7, www.schloss-elmau.de
Neben Halbpension und Spa-Nutzung sind die meisten Sportangebote und Kulturveranstaltungen im Hotelpreis inbegriffen.

DuMont Aktiv

Sehenswert

Der Markt besitzt ein intaktes **Ortsbild** mit oberbayerischen Häusern aus dem 17. und 18. Jh. und der **Pfarrkirche St. Peter und Paul,** für deren Rokokoausstattung um 1740 der Wessobrunner Baumeister Josef Schmuzer verantwortlich zeichnete. In der Fußgängerzone **Obermarkt** mit freskierten Häusern und alten Torfassaden ist auch das Goethe-Haus aus dem 18. Jh. zu finden. Das Denkmal von Matthias Klotz (1653–1743) erinnert an den Gründer des Mittenwalder Geigenbaus.

Museum

Das **Geigenbau- und Heimatmuseum** ist der Geschichte des Markts und der Dokumentation des örtlichen Instrumentenbaus gewidmet. 200 Exponate werden gezeigt (Ballenhausgasse 3, Tel. 0 88 23/25 11, www.geigenbau museum-mittenwald.de; Febr.–Mitte März, Mitte Mai–Mitte Okt. und Mitte Dez.–Dreikönig Di.–So. 10.00–17.00, Jan., Mitte März–Mitte Mai und Mitte Okt.–Anf. Nov. Di.–So. 11.00–16.00 Uhr).

Aktivitäten

Eine schöne **Mountainbiketour** mittleren Schwierigkeitsgrads führt von Mittenwald durchs Hinterautal zu den Isarquellen (Länge 47 km, Höhenmeter 480 m, Dauer ca. 2,5 Std.; Radverleih: Biker-Bahnhof, Bahnhofplatz 10, Tel. 0 88 23/93 89 72, www.radl-ski-station.de). Das Gebiet um die Karwendelspitze (2385 m) ist eine der beliebtesten **Wanderregionen;** das Wanderwegenetz umfasst rund 500 km.

Einkaufen

Wer sich für eine **hochwertige Violine** interessiert, findet in Mittenwald rund ein Dutzend Spezialisten. Eine von ihnen ist Geigenbauerin Bettina Weichselbaumer, passenderweise in der Matthias-Klotz-Straße 8 (Tel./Fax 0 88 23/ 36 03, weichselbaumer@hotmail.de).

Hotel

Im € **Sonnenbichl** kann man die Seele baumeln lassen, auf der Sonnenterrasse wie in der Sauna (Klausnerweg 32, 82481 Mittenwald, Tel. 0 88 23/9 22 30, Fax 0 88 23/58 14, www.sonnen bichl-mittenwald.de).

Umgebung

Schönstes Naturdenkmal in der Umgebung ist die **Leutaschklamm** hinüber nach Tirol. Mit 1650 m gehört sie zu den längsten Schluchten der Nordostalpen (www.leutasch-klamm.de; Anf. Mai bis Ende Okt.).

Information

Tourist-Information, Dammkarstraße 3, 82481 Mittenwald, Tel. 0 88 23/3 39 81, Fax 0 88 23/27 01, www.mittenwald.de

Der Erste und der Letzte!

Der Vorbote des Winters zeigt sich jedes Jahr immer zuerst auf der Zugspitze. Und dort wird das Kapitel Winter und Skifahren in der Regel am 2. Mai auch abgeschlossen – zumindest für Deutschland. Kurz danach bekommen die empfindlichsten Stellen des Gletschers eine Abdeckungen und damit einen Sonnenschutz. Bis zu drei Meter Schneehöhe werden so pro Sommer vor dem Schmelzen bewahrt.

Das Sommerskilaufen auf dem Schnee- und Höllentalferner ist passé. Schon 18 mal wurden Teile der Zugspitzgletscher zwischen Juni und September großflächig abgedeckt. Dennoch beantwortet sich die Frage: Wohin zum Skifahren, wenn man in Deutschland der Erste und/oder der Letzte auf der Piste sein will, mit dem Wort Zugspitze. Deutschlands höchstgelegenes Skigebiet zwischen 2000 und 2720 Metern bietet meist schon ab Anfang November gut bis sehr gut präparierten Pisten. 22 Kilometer Abfahrten für jeden Geschmack und jede Schwierigkeit stehen zur Auswahl. Gefürchtet einerseits und heiß geliebt andererseits ist die schwarze Weltcup-Strecke mit 3300 Metern Länge. Der griffige, feste Schnee erfreut schnelle Wedler aber ebenso brave Bögenzieher, denen vier leichte Abfahrten zur Verfügung stehen. Rund 250 000 Wintergäste nutzen das Skigebiet pro Saison.

Skispaß unterhalb des Gipfels

Auch Snowboarder zieht es hierher

WEITERE INFORMATIONEN

Die Skisaison auf der Zugspitze und dem Zugspitzplatt geht von November bis Anf. Mai, die Liftanlagen laufen dann von 8.00 bis 16.30 Uhr. Tageskarten, inklusive Auf- und Abfahrt mit der Zahnradbahn ab Garmisch-Partenkirchen, kosten etwa 40 €. Zwölf Bahnen und Lifte sowie vier Bergrestaurants stehen zur Verfügung. Weitere Auskünfte gibt es auf der Internetseite www.zugspitze.de.

Oh Gott, ist das schön!

Abgesehen vom Himmel: Mönche und Nonnen wussten schon seit jeher, wo das Paradies liegt. Warum sonst ragen im kleinen Pfaffenwinkel nicht weniger als 160 Kirchtürme in den weiß-blauen Himmel Oberbayerns? Das Highlight dieser meist von Zwiebeln gekrönten Turmhauben ist das Welterbe Wieskirche. Jetzt also tief durchatmen und eintreten in die Welt der Kreuze und Reliquien, der Wallfahrten, Büßer, Beter und Kulturmenschen.

Was den bayerischen Staat einst an den Rand des Ruins gebracht hat, ist heute eine sprudelnde Einnahmequelle: Neuschwanstein

Die Wieskirche beeindruckt alle Welt

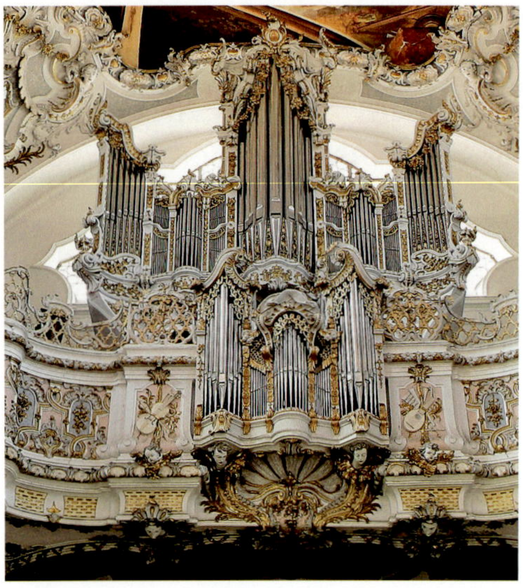

Es gibt in der kleinen Wieskirche keinen Winkel, der nicht detailreich und voller Bewegung ausgeschmückt ist

Einst einsam gelegen, ist die Wieskirche der Welt mittlerweile nähergerückt

Erst die Bibel und dann das Bier? Oder besser umgekehrt? Reiseleiterin Ayaka bringt dieses Mal um die 50 Touristen von der japanischen Insel Hokkaido direkt aus München zur Wieskirche. „Bei unseren Touren kommt immer erst das ‚Hofbräuhaus', dann die Kirche, dann Neuschwanstein. Sonst haben wir logistisch ein Problem." Spätnachmittags geht es ja bereits weiter nach Luzern. Es ist erst kurz vorm Mittagsläuten, und die Japaner haben bereits tief in eine große bayerische Maß geschaut. „Ein halbes Dutzend Busse mit japanischen Touristen täglich ist normal geworden." Der Prälat der Wieskirche beschreibt die Besucherströme ganz nüchtern. Dass es aber „im Jahr 2009 nur noch 43 Goldene und gar nur noch elf Grüne Hochzeiten gegeben hat", das ärgert Georg Kirchmeir, 71 Jahre alt. 35 davon hat er auf der Wies verbracht, als Pfarrer, Seelsorger und Hausherr einer der bekanntesten Kirchen Europas.

Die Wallfahrtskirche zum gegeißelten Heiland auf einer einsamen Waldwiese gehört nach dem Aachener und Speyrer Dom sowie der Würzburger Residenz zu den ersten Weltkulturerbestätten in Deutschland. Der Wies-Pfarrer sagt: „Wir müssen es nicht wissenschaftlich nachweisen. Sondern fragen: Was bedeutet das?" Gemeint sind nicht die Unesco-Kriterien, sondern die Tränen des gegeißelten Heiland von der Wies, die 1738 einer Bäuerin erschienen sein sollen. Daraufhin wurde ab 1746 eine Wallfahrtskapelle gebaut. „Das Geschehen im Bewusstsein zählt, keine naturwissenschaftlichen Erkenntnisse", sagt Kirchmeir. „Für mich ist die Wies eine lebendige Kirche. Alle sind willkommen. Und draußen steht ja nicht, wann geschlossen, sondern wann geöffnet ist!"

Für die meisten anderen ist sie aber vor allem eine Kulturstätte von Weltrang. Und so rattert auch Ayaka routiniert die wichtigsten Zahlen, Fakten und Beschreibungen runter.

Byzantinisch anmutende Pracht im Thronsaal von Neuschwanstein

Schloss Neuschwanstein und im Hintergrund der Forggensee

Der Schwan aus der Lohengrin-Sage war als Zeichen der Reinheit das Lieblingstier Ludwigs II.

DIE ZWEI GESICHTER DER WIES

Ob die vermeintlichen Tränen des Herrgotts nun Tau waren oder nicht, für die Unesco ist das Kirchlein „ein Meisterwerk menschlicher Schöpferkraft und ein außergewöhnliches Zeugnis einer untergegangenen Kultur".

Die wichtigsten Detailgründe waren die Deckenfresken, in deren Zentrum der auferstandene Jesus auf einem Regenbogen, dem Symbol der Versöhnung, thront, die vergoldeten Stuckarbeiten und die Figur des Heilands in einem vollendeten Rokoko-Bau. Auch die Chorausstattung und die Kanzel sind grandios. Mehr als 40 Fenster sorgen für einen faszinierenden Raumeindruck in dem Oval von nur 45 Metern Länge, 24 Metern Breite und bis zu 32 Metern Höhe.

Eine Million Besucher strömen jedes Jahr in den Weiler Wies. Für die Wallfahrer unter ihnen spielt das zauberhafte Rokoko-Gewand keine so große Rolle. Für sie ist die Wieskirche nicht die kleinste der 33 deutschen Welterbestätten, sondern eine Wallfahrtskirche, in der es um Leid, Buße und Erlösung geht und deshalb das Gnadenbild umschritten werden muss. Tradition heißt nicht, Asche zu verwahren, sondern ein Feuer lodern zu lassen. Das passiert noch auf der Wies. Also doch: erst die Bibel und dann das Bier?

LAND UNTERM ZWIEBELTURM

Und wie sieht es mit Kuh und Kirche aus? Keine Frage: „Erst wird gemolken, dann gebetet", sagt die Bäuerin, die mitten im Pfaffenwinkel zwischen Wieskirch und Wessobrunn wie im Paradies lebt und arbeitet. „Im Paradies?" Sie stutzt. „Die Hänge am Hohen Peißenberg sind steil, die Arbeit ist hart, aber freilich: Schee is scho'!" Landschaften, von denen man schreiben kann: Da geht einem das Herz auf – und die gibt es nicht allzu oft. Der Pfaffenwinkel gehört dazu mit den 160 Kirchen und Tausenden von Kühen. Mit dem Soiener Moorsee und dem 988 Meter hohen Peißenberg. Mit Filz und Moos, Fresken und Stuck, Kutten und Mieder. Mit Mittelalterstädtchen wie Schongau, der Kulisse der Ammergauer Alpen im Süden und mit Wessobrunn im Norden.

Dort ist unter der Dorflinde auf einem Stein das älteste überlieferte Gedicht in deutscher Sprache gemeißelt. Das Wessobrunner Gebet beschreibt, wie mit Weisheit und Kraft der Sündenfall vermieden werden kann. Das Kloster wurde 753 errichtet. Übrig geblieben ist der Klosterhof, eindrucksvoller Rest einer einst viel größeren Anlage. Die Pfarrkirche als nördlicher Abschluss wurde erst 1758 erbaut. Stolz und typischerweise trägt sie eine der zahllosen Zwiebelhauben.

Das Ballenhaus in Schongau war, wie sein Name vermuten lässt, einst ein Lagerhaus

Auch den Peißenberg krönt eine Wallfahrtskirche

Auch die Schongauer Pfarrkirche Mariä Himmelfahrt verdankt ihren barocken Schmuck Wessobrunner Künstlern

Im Wittelbacherschloss Hohenschwangau verbrachte Ludwig II. einen Teil seiner Jugend

Diese gehören zu Oberbayern wie die weiß-blauen Rauten zur Bayernfahne und sind Erkennungszeichen bayerisch-barocker Baukunst. Sie symbolisieren Bibel und Bier, denn wer fremd ist und nach Kost und Logis Ausschau hält, der sollte den nächsten Zwiebelturm anvisieren. Daneben steht meist das traditionsreichste Gasthaus, in dem man nur selten enttäuscht wird. Aber – oh weh – die Zwiebelhaube ist kein bayerisches Original. An islamischen und russisch-orthodoxen Gotteshäusern war der Zwiebelturm längst Usus, ehe er Mitte des 16. Jahrhunderts in Bayern Einzug hielt. So gilt also in jedem Fall: Bier vor Zwiebelturm.

„Gegend vor dem Gebirg, die mehr als andere mit Klöstern ersten Ranges gesegnet sein."

Pfarrer Franz Sales Gailer, 1756, der den Begriff Pfaffenwinkel prägte. Das Wort Pfaffe drückte zu dieser Zeit noch Wertschätzung aus.

EIN WAHNSINNSSCHLOSS

„Er bedient sozusagen die ‚Bunte' in uns." Mit ihrer Einschätzung überraschte die Historikerin Marita Kraus, Professorin für Landesgeschichte an der Universität Augsburg, unlängst. Natürlich wäre Ludwig II. heute ein Star. Die Paparazzi würden ihn jagen, die Boulevard-Schreiber als ein Geschenk des Himmels tätscheln und feiern. Nicht nur für seine Exzentrik, sondern auch für das, was manche despektierlich Neuschwahnsinn nennen – nicht verwunderlich, angesichts von 1,3 Millionen Besuchern pro Jahr. Die fasziniert die pure, unerklärliche Romantik mit Zinnen, Türmchen und Giebeln, verspielten Schnörkeln hier und blankem Pomp dort, aufgestellt wie Zuckerguss in einer herrlichen Alpenregion in einmaliger Lage auf einem bewaldeten Bergrücken mit Seeblick. Mehr geht nicht. Auch deshalb ist Neuschwanstein eines der bekanntesten Schlösser der Welt.

Vom Kloster Wessobrunn blieb der üppig stuckierte Kreuzgang

Grauer Herzog wird der erhaltene Turm der romanischen Wessobrunner Klosterkirche genannt

In Altenstadt steht die einzige romanische Basilika Oberbayerns

30 Minuten Fußmarsch vom Ort hinauf zum Schlosseingang und dann noch 300 Stufen im Schloss. Die Gruppen sind groß, und man bekommt nicht viel Zeit in jedem Zimmer – auch nicht viel zum Durchschnaufen. Wenn es besonders schwer wird, sagt sich so mancher: Aber es lohnt sich! Für wahr. Auch innen ließ der „Kini" grandiose Szenarien schaffen: ein Schlafzimmer mit Bildern aus Wagners „Tristan und Isolde", ein Wohnzimmer mit Szenen aus der „Lohengrin"-, ein Arbeitszimmer mit Bildern aus der „Tannhäuser"-Sage. Die Grotte trotzt allen Vorwürfen von Kitsch, schließlich soll Tannhäuser in einer ähnlichen Umgebung den Reizen der Venus erlegen sein. Und schließlich der ganz große Prunk im Thronsaal, der nur einen Makel hat: Er erhielt niemals einen Thron. Alle anderen Zimmer sind leer.

Entstanden ist die stimmungsvollste Schöpfung von Ludwig II. ab 1869 nach Entwürfen des Theatermalers Christian Jank. Nach dem mysteriösen Tod des Königs am 13. Juni 1886 wurde der noch unvollendete Bau eingestellt, und schon sieben Wochen danach öffnete sich Neuschwanstein dem Publikum. Absurd: Der menschenscheue Ludwig hatte die Burg erbaut, um sich der Öffentlichkeit zu entziehen – und sein geplantes Refugium wurde zum Publikumsmagnet ... Im Sommer drängen sich im Durchschnitt täglich mehr als 6000 Besucher durch die Räume, die für einen einzigen Bewohner bestimmt waren. 300 Stufen hin oder her: Neuschwanstein lohnt sich – wirklich!

Maßstab 1:200.000
0
2
4km
01
02
03
04
05
06
Vilgertshofen
Dießen am Ammersee
Fuchstal
Denklingen
Reichling
Apfeldorf
Wessobrunn
Wielenbach
Pähl
Raisting
Hohenfurch
Schwabsoien
Altenstadt
SCHONGAU
Peiting
Hohenpeißenberg
Peißenberg
WEILHEIM in Oberbayern
Pfaffenwinkel
Polling
Huglfing
Böbing
Rottenbuch
Steingaden
Wildsteig
Bad Bayersoien
Saulgrub
Bad Kohlgrub
Murnau am Staffelsee
Seehausen am Staffelsee
Uffing am Staffelsee
Burggen
Bernbeuren
Lechbruck am See
Roßhaupten
Halblech
Unterammergau
Oberammergau
Ettal
Oberau
Farchant
FÜSSEN
Schwangau
Wallfahrtskirche Die Wies
Schloss Neuschwanstein
Schloss Linderhof
Naturschutzgebiet
Ammergauer Alpen
Hohe Bleick
Hoher Trauchberg
Ammer-Sattel
Säuling
Reutte
GARMISCH-PARTENKIRCHEN
Grainau
Romantische Straße
Deutsche Alpenstraße
Sisi-Straße

Gottes liebevoller Segen …

… muss wohl im Spiel gewesen sein, als der Pfaffenwinkel zwischen Ammerschlucht und Lechwindungen so formvollendet geschaffen wurde. Alle Herrlichkeit auf Erden beanspruchen lokale Marketingstrategen dann auch ganz unbescheiden für ihre Region. Dabei ist der Slogan nicht einmal eine Lüge. Sogar ohne Schloss Neuschwanstein, das nicht mehr ganz dazu gehört, aber in jedem Fall einen Tagesausflug wert ist.

01 SCHONGAU

So könnte es im Mittelalter ausgesehen haben, denken viele, die durch den Altstadtkern bummeln und sich Reklametafeln, Autos und mitbummelnde Zeitgenossen einfach wegdenken. Schongau (12 200 Einw.) wurde im 13. Jh. als neue Siedlung Altenstadts angelegt und profitierte als Knotenpunkt an der Handelsroute Venedig–Augsburg.

Sehenswert
Das Lechsteilufer einerseits und die Mauern, Türme, Toren sowie der begehbare Wehrgang andererseits geben der mittelalterlichen **Altstadt** ihr ganz eigenes Flair. Sehenswürdigkeiten stellen das gotische **Ballenhaus** (um 1500) am Marienplatz, die ab 1750 von Dominikus Zimmermann barockisierte **Stadtpfarrkirche Mariä Himmelfahrt** und, etwas außerhalb gelegenen, die einzig vollständig erhaltene romanische Basilika Oberbayerns in Altenstadt dar; **St. Michael** ist bekannt für das mächtige Kruzifix „Der Große Gott von Altenstadt".

Museen
Die einstige Spitalkirche St. Erasmus (14. Jh.) dient heute als **Stadtmuseum** (Christophstraße 55, Tel. 0 88 61/21 41 51; Mi., Sa., So. und Fei. 14.00–17.00 Uhr). Besonders für Kinder wunderschön ist der **Märchenwald.** Erzählungen von den Brüdern Grimm, bewegliche Märchenfiguren, ein märchenhafter Wald und viele Tiere (Dießener Straße 6, Tel. 0 88 61/75 27, www.schongauer-maerchenwald.de; April bis Okt. tgl. 9.00–18.00 Uhr).

Veranstaltung
Jedes Jahr lockt Mitte Juni das **Schongauer Volksfest,** eine Art Miniatur-Oktoberfest, Besucher an.

Hotel und Restaurant
Die **€ Alte Post** ist eine Traditionsadresse im historischen Zentrum (Marienplatz 19, 86956 Schongau, Tel. 0 88 61/2 32 00, Fax 0 88 61/23 20 80, www.altepost-schongau.de).
Im der **€/€€ Blauen Traube** war auch schon die „BR-Schlemmerreise" zu Gast (Münzstraße 10, 86956 Schongau, Tel. 0 88 61/9 03 29, Fax 0 88 61/30 71,www.hotel-blaue-traube.de).

Romanische Strenge: „Gott von Altenstadt"

Umgebung
Auch ein Abstecher nach **Hohenfurch** (nördl.) in die dortige Pfarrkirche mit ihren hohen Fenstern, der Stuck-Kanzel und gotischer Muttergottes von 1420 lohnt sich. **Peiting** ist bekannt für seine Krypta in der Pfarrkirche und den Blick vom Kalvarienberg auf die umgebende Moränenlandschaft. Am Schützenhaus des Bergs beginnt ein für Familien interessanter Walderlebnispfad.

Information
Tourist-Information, Münzstraße 1,
86956 Schongau, Tel. 0 88 61/21 41 81,
Fax 0 88 61/21 48 81, www.schongau.de

02 WESSOBRUNN

Was ist bekannter? Das Kloster, die Schule, das Gebet? Ein Besuch dagegen lohnt sich immer.

Sehenswert
Vom 753 gegründeten **Kloster** blieben nur die Brunnen, vom mittelalterlichen der Graue Herzog genannte romanische ehem. Klosterkirchturm (um 1250) und vom barocken Neubau des 17. und 18 Jh. der sogenannte Fürstentrakt mit reichlich Stuck. Tassilosaal und Treppenaufgang wurden Ende des 17. Jh. maßgeblich von Johann Schmuzer geplant. Er gilt als Gründer der **Wessobrunner Schule,** die sich vor allem dem Stuckatorenhandwerk verschrieben hatte und ganz Mitteleuropa beinflusste (u.a. die Künstlerfamilien Feichtmayr, Schmuzer, Zimmermann, Üblhör). Die anschließende, ab 1757 barockisierte **Pfarrkirche St. Johann Baptist** ist ein weiteres Beispiel Wessobrunner Könnens. Das **Wessobrunner Gebet,** in einen Steinblock in der Ortsmitte gemeißelt, gilt als ältestes Sprachdenkmal in Deutschland (um 800).

Hotel
€ Zum Eibenwald ist ein schöner Landgasthof, benannt nach einem nahen Eibenwald mit 500 Jahre alten Bäumen (Peißenberger Straße 11, 82405 Wessobrunn-Paterzell, Tel. 0 88 09/9 20 40, Fax 0 88 09/92 04 70, www.landgasthof-eibenwald.de).

Information
Gemeindeverwaltung, Zöpfstraße 1,
82405 Wessobrunn, Tel. 0 88 09/3 13 00,
Fax 0 88 09/3 13 02, www.wessobrunn.de

03 WEILHEIM

Der Ortskern der Kreistadt (22 000 Einw.) ist mittelalterlich geprägt, die Fußgängerzone gibt sich modern. Weilheim war schon zu Römerzeiten Siedlungsplatz; hier verlief die Römerstraße nach Augsburg. Franz Josef Strauß hatte in Weilheim seinen Bundestagswahlkreis.

Sehenswert
Am **Marienplatz** lagen einst die Getreidespeicher. Bis heute wird der Platz von der **Pfarrkirche Mariä Himmelfahrt** (um 1625) beherrscht, in der das Knoller-Gemälde „Beweinung Christi" (1799) hervorsticht.

Museum
Im **Pfaffenwinkelmuseum** im Alten Rathaus kann man sich vorwiegend mit den Werken Weilheimer Künstler von der Spätgotik bis zum Rokoko beschäftigen (Marienplatz 1, Tel. 08 81/68 20; Di.–So. 10.00–12.00 und 14.00–17.00 Uhr).

Veranstaltungen
Die **Konzerte** im barocken Bibliothekssaal des ehem. Augustiner-Chorherrenstifts Polling (südl.) sind ein Genuss (Programm bei der Gemeindeverwaltung, Tel. 08 81/10 01, www.polling.de).

Information
Tourist-Information, Admiral-Hipper-Straße 20,
82362 Weilheim, Tel. 08 81/68 21 28,
Fax 08 81/68 21 23, www.weilheim.de

04 PEISSENBERG

Seit dem 16. Jh. wurde am Peißenberg Kohle abgebaut (bis 1971). Gut 32 Mio. Tonnen Kohle wurden überwiegend in den letzten 150 Jahren gefördert. Und weil der Bergbau lange In Peissenberg (12 500 Einw.) zu Hause war, stehen hier noch mal mehr Kirchlein, als im Pfaffenwinkel üblich.

Infos

Sehenswert

Die **Wallfahrtskirche Maria Aich** (um 1630), die **St.-Georgs-Kapelle** (Urspr. 14. Jh.) mit seltenem gotischen Freskenzyklus zur Georgslegende und die moderne **Knappengedächtnis-Kapelle** sind die wichtigsten Gotteshäuser. Dazu kommen auf dem Land die zahlreichen Feldkapellen und am Hohen Peißenberg die **Wallfahrtskirche Mariä Himmelfahrt** aus dem 16. Jh. mit einer imposanten Rokoko-Gnadenkapelle für die wundertätige Madonna. Der Blick vom **Hohen Peißenberg** (988 m) über Weiden, Wälder, ein Dutzend Seen und zur Alpenkette ist beeindruckend.

Museum

Das **Bergbaumuseum** mit Naturstollen ist den intensiven Bergbaujahren gewidmet (Am Tiefstollen 2, Tel. 08803/5102; 1. und 3. So. im Monat 14.00–16.00, Mitte Mai–Mitte Sept. auch Di.–Fr. 9.00–11.00 und Mi. 14.00–16.00 Uhr).

Hotel

Im **€/€€ Gasthof zur Post** war schon König Ludwig II. zu Gast (Ludwigstraße 1, 82380 Peißenberg, Tel. 0 88 03/842, Fax 0 88 03/54 24, www.gasthofpost-peißenberg.de).

Information

Gästeverkehrsverein, Rathaus, Hauptstraße 77, 82380 Peißenberg, Tel. 0 88 03/96 99, Fax 0 88 03/92 16, www.gvv-peissenberg.de und www.peissenberg.de

05 ROTTENBUCH

Unten das Ammertal, im Süden die Alpen, und auf dem Hügel thront auf bis zu 868 Metern das 1800-Einw.-Dorf, das seinen Ursprung in einer Siedlung des 1073 gegründeten Chorherrenstifts hat.

Tipp

Jenseits von Weilheim

Heißluftballonfahren kann ganz schön laut sein, wenn der Brenner für den Auftrieb die Luft anheizt. Fährt man ohne Brenner, sind nur noch der Wind und das Knarzen des Korbes zu hören. Dann ist es sicherlich die schönste Art, in die Luft zu gehen, um eine Landschaft in der ganzen Breite genießen zu können.

Ballonfahrten Dagobert Neumaier, Am Betberg 20, 82362 Weilheim, Tel./Fax 08 81/47 30

Sehenswert

Die von Wessobrunner Künstlern ausgestattete **Stiftskirche** (15. Jh.) des 1803 aufgehobenen und abgebrochenen Augustiner-Chorherrenstifts zeigt, dass verschiedene Stilarten auch ein einheitliches Ganzes ergeben können. Sehr schön ist ein Spaziergang am Ammerhochufer.

Veranstaltung

Im Herbst findet seit 1558 der größte **Kaltblut-Fohlenmarkt** Deutschlands statt (Termin bei der Tourist-Information).

Aktivitäten

Für **Kajakfahrer** ist die Ammer ein ideales Gewässer, in erster Linie allerdings für Könner. Das Fahren ist von Mai bis Nov. erlaubt.

Hotel und Restaurant

Wellness mit Blick auf griechisch-römische Freskenmalerei bietet die **€ Moosbeck Alm** (Moos 38, 82401 Rottenbuch, Tel. 0 88 67/ 9 12 00, Fax 0 88 67/91 20 20, www.moosbeck-alm.de). Im **€€€€ Parkhotel Bayersoien** gibt es die für Bayersoien typischen dickbreiigen Moorpackungen im Spa (Am Kurpark 1, 82435 Bad Bayersoien, Tel. 0 88 45/120, Fax 0 88 45/ 83 98, www.parkhotel-bayersoien.de).
Eigene Metzgerei und der Chef selbst am Herd – der **€/€€ Gasthof Haslacher** ist einen kleinen Ausflug wert (Peißenberger Straße 20, 82389 Böbing, Tel. 0 88 67/3 03, www.gasthof-haslacher.de). Bayerisch, gemütlich und gut ist es im **€/€€ Fischerwirt am See** (Dorfstraße 85, Bad Bayersoien, Tel. 0 88 45/70 38 50).

Umgebung

Bad Bayersoien, Bayerns jüngstes Moorheilbad, bekam seinen Titel für sein 8000 Jahre altes Bergkiefernhochmoor. Der Soiener Moorsee ist von einem Rundweg umgeben. Es darf gebadet, geangelt und gerudert werden (Bootsverleih Doll, Tel. 0 88 45/75 83 38).
Zwischen Rottenbuch und Bayersoien überspannt seit 1929 die 183 m lange **Echelsbacher Brücke** die 76 m tiefe Ammerschlucht.

Information

Tourist-Information, Klosterhof 42, 82401 Rottenbuch, Tel. 0 88 67/91 10 18, Fax 0 88 67/91 10 38, www.rottenbuch.de.
Kur- und Tourist-Information, Dorfstraße 45, 82435 Bad Bayersoien, Tel. 0 88 45/7 03 06 20, Fax 0 88 45/7 03 06 29, www.bad-bayersoien.de

06 STEINGADEN

Der Erholungsort (2750 Einw.) geht auf die Siedlung des 1147 gegründeten und 1803 aufgehobenen Prämonstratenserklosters zurück.

Ammerschlucht unter der Echelsbacher Brücke

Sehenswert

Vom Kloster blieb nur ein romanischer Kreuzgang und die **Welfenmünster** genannte heutige Pfarrkirche; der urspr. romanische Bau wurde um 1740 von Johann Xaver Schmuzer in ein Rokokoschmuckstück verwandelt.
Steingadens Juwel ist aber die **Wieskirche** ▶**TOPZIEL** (1745–1754; Unesco-Welterbestätte) im perfekten Rokoko-Gewand und nicht zuletzt eine bedeutende Wallfahrtsstätte: 1738 sah die Bäuerin Maria Lori in den Augen einer Figur, die den leidenden Jesus an der Geißelsäule darstellt, Tränen. Wegen der immer zahlreicher werdenden Pilger beauftragte der Steingadener Abt Hyazinth den Baumeister Dominikus Zimmermann für die Wallfahrer sein Meisterwerk zu errichten; die Fresken stammen überwiegend von seinem Bruder Johann Baptist (www.wieskirche.de; tgl. 8.00–19.00 Uhr mit Ausnahme der Gottesdienstzeiten).

Einkaufen

Walnussstückchen in aus Heumilch gemachtem Käse, das ist der Schönegger Nussknacker von der Schönegger Käse-Alm (Steinwies 20, Prem südl. Lechbruck, Tel. 0 88 62/9 80 10, www.schoenegger.com).

Restaurant

Günstig ist der solide und empfohlene **€/€€ Gasthof Graf** (Schongauer Straße 15, Steingaden, Tel. 0 88 62/246, www.gasthof-graf.de).

Veranstaltungen

Festlicher Sommer in der Wies nennt sich eine besuchenswerte Konzertreihe (Termine und Programm Tel. 0 88 61/9 35 80, Karten bei der Tourist-Information).

Umgebung

20 km weiter liegt ein weiteres Spitzenziel Oberbayerns: König Ludwigs II. Märchenschöpfung **Neuschwanstein** ▶TOPZIEL. Besichtigungen sind nur im Rahmen von halbstündigen Führungen möglich; wegen großen Andrangs empfiehlt sich zumindest in den Sommermonaten die Kartenreservierung gegen einen kleinen Aufpreis. Man muss seine Eintrittskarte kaufen, bevor der rund 30 Minuten lange Fußweg zum Schloss hinauf angetreten wird. Alternativ kann man gegen Gebühr mit der Pferdekutsche (ab „Hotel Müller") oder einem Pendelbus (ab „Hotel Lisl") fahren (beide Hotels in Sichtweite zum Ticket-Center). Eintrittskarten erhalten Besucher nur im Ticket-Center im Ort Hohenschwangau (Alpseestraße 12, Tel. 0 83 62/ 93 08 30, www.ticket-center-hohenschwangau.de). Zu den besten Fotostandorten gehört die eiserne Marienbrücke über die Pöllatschlucht, rund 500 m vom Schloss entfernt; Ludwig ließ sie 1867 als Geburtstagsgeschenk für seine bergsteigende Verlobte Marie errichten (www.neuschwanstein.de; April–Sept. tgl. 9.00–18.00, sonst tgl. 10.00–16.00 Uhr).

Auch das von Neuschwanstein in Sichtweite liegende **Schloss Hohenschwangau** lohnt den Besuch. Im 12. Jh. war es ein Zentrum des Minnesangs. 1833 veranlasste der spätere bayerische König Maximilian II. die neugotische Erneuerung des Baus, in dem Ludwig II. einen Großteil seiner Kindheit verbrachte. Die Innenräume sind im Geist der Romantik mit Wandgemälden und Themen aus mittelalterlichen Legenden ausgestattet (Tickets und Öffnungszeiten wie Neuschwanstein).

Information

Tourist-Information, Krankenhausstraße 1, 86989 Steingaden, Tel. 0 88 62/2 00, Fax 0 88 62/64 70, www.steingaden.de

Barocke Detailfreude in Rottenbuch

DuMont Aktiv

Wandern mit Dr. Faustus

Lübeck und München, die Schweiz und die USA – das waren Wohnorte von Thomas Mann. Aber was hatte er mit dem Pfaffenwinkel zu tun? 1906 bis 1923 lebte Am Pollinger Kirchplatz seine Mutter Julia, die er immer wieder gern besuchte. Und es wohnte dort auch ein gewisser Dr. Adrian Leverkühn, Protagonist des Romans „Doktor Faustus".

Fünf km lang ist der Pollinger Wanderweg, der dem bis 1947 in den USA geschriebenen Spätwerk Thomas Manns gewidmet ist. Gedanklich ist „Doktor Faustus" freilich schon viel früher entstanden: „Polling hatte Atmosphäre", vertraute Thomas seinem Bruder Viktor kurz vor Drucklegung des Buchs an und schwelgte in Erinnerungen: „Weißt Du noch: unser altes Wohnzimmer? ..."

An 13 Stationen kommt der literarisch interessierte Wanderer Pfeiffering, der literarische Name Pollings, seiner Umgebung und „Doktor Faustus" näher. Er wird mit Informationen zu dem Roman versorgt und kann sich an Tafeln entlang dem Weg genüsslich durch wegweisende Zitate aus dem Buch in die Welt des Komponisten Adrian Leverkühn entführen lassen, der in Polling von 1912 bis 1930 lebte. Thomas Manns geniale Sprache ist selbst in Auszügen ein Genuss: „Ich halte die Religion nicht für das adäquateste Mittel ... Dazu hilft meiner Meinung nach allein die Literatur, die humanistische Wissenschaft, das Ideal des freien und schönen Menschen ..." (von Tafel 1).

An Pollings Kirche endet der Weg

Es geht auch über grüne Wiesen

WEITERE INFORMATIONEN

Der 5 km lange Rundweg ist einfach und ohne große Schwierigkeiten zu meistern. Er beginnt und endet am Pollinger Kirchplatz. Einen Vorgeschmack vermittelt die Pollinger Internetseite. **Informationen** bei der Gemeindeverwaltung Polling, Kirchplatz 11, 82398 Polling, Tel. 08 81/9 39 00, www.polling.de.

Badewanne der Metropole

Das Fünf-Seen-Land ist Oberbayern für Seen-Süchtige und für Stadtflüchtige aus München. Zwischen dem Starnberger See mit seinen Millionärsvillen und dem bäuerlich-bürgerlichen Ammersee liegen die drei kleineren Mitnamensgeber Pilsen-, Wesslinger und Wörthsee. Wobei der Name Fünf-Seen-Land eindeutig Untertreibung ist. Fünfzig-Seen-Land käme der Sache schon näher. Denn zwischen all den sanften Hügeln und satten Wiesen finden sich noch zahllose Weiher – und geheimnisvolle Energieplätze.

Hier sind die Kapitäne unter sich – Segeln auf dem Starnberger See

Gegen Abend wird es stiller auf dem Starnberger See – hier bei Ambach

Wenn das Wetter mitspielt, wird der Starnberger See zur geräumigen Badewanne

Besucher haben meist etwas Leckeres mitgebracht

Sie liegt da wie ein Kunstwerk, splitterfasernackt am Kieselstrand. Die junge Frau tankt Sonne, genießt die Natur. Es ist Kaiserwetter, Sommer eben im Fünf-Seen-Land. Die Berge sind so nah. Der Duft von Blumen liegt in der Luft. Auch der Wald scheint zu atmen. Und der Starnberger See plätschert vor sich hin. „A Nackerte“, schallt es durch die Stille. Eine Schulklasse naht, die Frau bedeckt sich. Die Jugendlichen kommen vom wenige Meter entfernten Holzkreuz, das bei Berg an den wahrscheinlichen Suizid Ludwigs II. erinnert. „Dass der net schwimma hat kenna?“, sagt einer. „Schee bleed“, lautet die prompte Antwort. Das bleibt also übrig von einer derartigen Ortsbesichtigung, von einem Märchenkönig, der sich unverstanden fühlte, entmündigt wurde – und nun als Dummkopf verunglimpft wird. Berg war der letzte Aufenthaltsort Ludwigs II. Am 13. Juni 1886 ging er dort, im seinerzeit noch Würmsee genannten Starnberger See, drei Tage nach seiner Entmündigung in den Tod. Wahrscheinlich, muss man betonen, denn bis heute sind die Umstände nicht geklärt.

IN BAYERN IST VIELES ANDERS

An diesem wunderschönen See mit Trinkwasserqualität, der Badewanne der Münchner, ist manches nicht geklärt. Wie kommt es zum Beispiel, dass ein Viertel des Ufers nicht öffentlich zugänglich ist, weil in privater Hand von Fabrikanten, Fernsehgrößen oder Fußballspielern, die sich zum Training zuweilen vom Helikopter abholen lassen? Steht in der Verfassung des Freistaats Bayern – Artikel 141, Absatz 3 – nicht klar und deutlich „Staat und Gemeinde sind berechtigt und verpflichtet, der Allgemeinheit die Zugänge zu Bergen, Seen, Flüssen und sonstigen landschaftlichen Schönheiten freizuhalten …“? Der Starnberger war halt schon immer ein Fürstensee. Und Fürsten wie Großkopferte hatten und haben schon immer Privilegien – nicht nur in Bayern. Neun Schlösser, in Starnberg, Possenhofen, Feldafing, Tutzing, Bernried, Münsing und drei in Berg, dokumentieren eine hohe Dichte blauen Bluts. Kaiserin Sisi fuhr immer wieder ins heimatliche Possenhofen. Und auf der vor Feldafing liegenden Roseninsel, der einzigen Insel des Sees, traf sie sich öfter mit ihrem Cousin Ludwig II., der ihr Gedichte vortrug.

Heutzutage geht es weniger lyrisch zu. Die Seevillen dienen als Kulisse für Serienkrimis. Starnberg hat statistisch das höchste Prokopfeinkommen in Deutschland. Und an Spitzentagen im Sommer strömen um die 100 000 weniger Betuchte an die Gestade und

Herrschaftlich zurückgezogen geht es auf der Roseninsel und im Park des Schlosses Ammerland zu. Am Puls des Lebens fühlt man sich dagegen beispielsweise in Tutzing, wo die Schiffsausflügler ein Biergarten erwartet.

parken jeden Zipfel der Uferstraße zu. Vorwiegendes Kfz-Kennzeichen: M für München. Es gibt Spötter, die sagen, in einem Juni des 21. Jahrhunderts hätte König Ludwig gar nicht ertrinken können. Über die vielen Surfbretter, Segelboote und Ruderkähne hätte er allenfalls trocken das andere Ufer bei Possenhofen erreicht …

*„Mit Chloriformen und Bandaschen
traten sie behendig auf.
Nach Schloß Berg ha'm sie ihn hingefahren.
Dorten endet dann sein Lebenslauf …"*

Aus „Einstiges (verbotenes) bayrisches Nationallied" von Oskar Maria Graf (1894–1967), geboren in Berg

DIE BAYERISCHEN SEEN

Am Ammersee sind am Wochenende die Ms nicht mehr so deutlich in der Überzahl. Das liegt weniger daran, dass der Ammersee Bauernsee genannt wird, sondern am häufig nicht einfachen Seezugang. Verschilfung und Verlandung erfreuen zwar die Vögel, nicht aber Badegäste. Man rechnet damit, dass der vor etwa 14000 Jahren entstandene Ammersee in ungefähr 20000 Jahren nicht mehr existieren wird.

Am Ammersee gibt es keine Allüren. Die schmucken Höfe verströmen Stallgeruch, Fischer, Forstwirte oder Handwerker verrichten ihr Tagwerk, und der Arbeiterschriftsteller Bert Brecht fuhr einst mit den sogenannten Badezügen von Augsburg an den Ammersee und wohnte sogar eine Weile in Schondorf und Utting. Szenen der „Dreigroschenoper" schrieb er dort. Aber den Uttingern scheint das egal zu sein: Es gibt kein Schild, keinen Hinweis, nichts. Am Bauernsee ist einfach vieles normal geblieben. Pärchen verlustieren sich auf

Auch der Fohnsee bei Iffeldorf gehört
zu den Osterseen

In Hinterland des Starnberger Sees ist es sogleich viel ruhiger –
beispielsweise hier in Münsing

Beschaulich setzt man über zur Roseninsel im Starnberger See

Die schilfigen Ufer vieler Osterseen bieten einer ruhebedürftigen Tierwelt Rückzugsgebiete

Special GEOTOP OSTERSEEN

Wie die Südsee

Wenige Kilometer südlich vom Starnberger See finden sich versteckt echte Seejuwelen.
Die 24 Osterseen bieten an flachen Stellen Wasserfarben von hellgrün bis türkis, die dann in tiefes Dunkelblau übergehen. Tausend Hektar, rund ein Drittel davon Wasserfläche, sind seit 1981 Naturschutzgebiet, inklusive fünf Inseln, einer urwüchsigen Moorlandschaft, dichtem Mischwald und einer Reihe seltener Pflanzen und Tiere. Baden ist streng reglementiert und nur an jeweils zwei Stellen des Großen Ostersees (Zugang über Staltach) und des Fohnsees (von Iffeldorf aus) erlaubt. Das Südufer des Fohnsees ist geduldetes FKK-Gelände. Wenn zuweilen Kühe dort weiden, ergibt sich ein an Deix-Karikaturen erinnerndes Bild aus blanken Hintern, geflecktem Vieh und farbenfrohen Sonnenschirmchen. Der markierte 13 Kilometer lange Wanderweg führt an 19 Seen entlang.

den Bänken, Kinder schlecken Eis, und die Oma schaut stolz zu, wie es ihr Lausbub schafft, flache Kieselsteine übers Wasser springen zu lassen.

Auch der Wörthsee ist angenehm provinziell. Breite Badestege schützen den Schilfgürtel und lassen Baderatten trotzdem nicht im Trockenen stehen. Der Paradieswinkel am Südende verdient die Bezeichnung, und zur Mausinsel in der Seemitte kann man schwimmen. Wörth bedeutete ursprünglich Insel. Aber leider: Man darf sie nicht betreten. Sie ist in Privatbesitz, was wie die Ausnahme wirkt, welche die Regel bestimmt. Denn Starnberger Verhältnisse herrschen nicht am kleinen Wörthsee.

ENERGIEN DURCH OBERBAYERN

Ein ähnliches Bild vermittelt auch der Pilsensee – doch der hat ein Geheimnis. Er liegt auf einer imaginären Linie vom Münchner Dom zum Kloster Wessobrunn. Schloss Fürstenried am Stadtrand von München, heute ein Exerzitienhaus der katholischen Kirche, die keltische Viereckanlage bei Buchendorf, das Grab der Seherin von Mühltal bei Starnberg und Kloster Andechs liegen auf dieser Linie. Alle diese Orte haben ein großes Energiepotential und bilden eine Energielinie. Jutta Merkel, Reiki-Meisterin mit Wohnort in Seefeld am Pilsensee und in Energiefragen jenseits von elektrischem Strom und Kohlekraft bestens beschlagen, sagt: „Diese Orte sind uralte Energie- oder Kraftplätze. Klerus und Adel wussten sie seit jeher sinnvoll für ihre Zwecke einzusetzen". Der Begriff Reiki stammt aus dem Japanischen. Rei heißt universell, Ki Lebensenergie und zusammen steht Reiki für eine Methode des geistigen Heilens durch Energie. „Kapellen, Kirchen und Schlösser thronen meistens erhaben auf Hügeln und bündeln Energie", ergänzt Jutta Merkel. Jeder könne solche Energieplätze wahrnehmen, jeder könne solche Erdkräfte spüren, meint die Seefelderin, deren Familie vom Ammersee stammt und die Wasser, dem Urelement der Lebenskraft, gewaltige Kräfte zurechnet. „Ich lebe mittendrin im Fünf-Seen-Land", sagt die leidenschaftliche Golferin. Sie ist also täglich umgeben von einer Bilderbuchlandschaft, wunderbaren Fairways und dem Urelement Wasser. Wen wundert es da, dass sie auch noch im Sternzeichen des Fisches geboren wurde?

Eine zweite Energielinie erstreckt sich vom Münchner Dom über die Ritterburg Schwaneck bei Pullach, die Birg, eine keltische Wehranlage bei Schäftlarn, und die Maria-Dank-Kapelle bei Münsing bis zum Kloster Ettal. Ein Platz liegt ebenfalls genau auf dieser

Der Ammersee hält reichlich Entfaltungsmöglichkeiten bereit – als Wassersportrevier oder kulturell wie in Schondorf

Der Ammersee bietet auch rostigen Seeleuten Raum – hier bei Herrsching

Ein Seeaufenthalt ist unvollständig ohne den Besuch bei einer Steckerlfischbraterei

Gegen Abend zieht es Wasserratten an Land – und nicht wenige in den Biergarten der „Gaststätte Aidenried"

Linie: die Todesstelle von Ludwig II. bei Berg. Manchmal sieht man dort Menschen, die mit Wünschelruten das Zentrum dieses Kraftortes zu finden versuchen.

Da überrascht es nicht, dass auch die Erdfunkstelle Raisting, die über ihre riesigen Parabolantennen mit den Satelliten im All verbunden ist, genau auf der ersten Linie zwischen Andechs und Wessobrunn liegt. In dem 2000-Einwohner-Dorf treffen Barock und High-Tech sowie Lederhose und Laptop sprichwörtlich zusammen. Raisting lag einst an einem Knotenpunkt der Römerstraßen Kempten–Salzburg und Augsburg–Brennerpass. Heute hält es die weltweite drahtlose Kommunikation aufrecht. „Derzeit sind sechs Großantennen im aktiven Einsatz", erklärt Diplom-Ingenieur Gerd Knauth. Sie haben Spiegeldurchmesser von sieben bis zu 32 Metern. Raisting, das immerhin zu den größten Erdfunkstellen der Welt gehört, wurde 1963 von der Deutschen Bundespost in Betrieb genommen. Ob die Wahl des Ortes betriebswirtschaftliche, technische oder logistische Gründe hatte?

Gehen wir an den Anfang der Geschichte zurück: Vielleicht war es auch nicht nur der rechte Sonnenwinkel, der die junge Frau bewog, den Kaiserwettertag in der Nähe des Holzkreuzes für Ludwig zu genießen. Vielleicht tankte sie nicht nur Sonnenenergie, sondern auch die Kraft eines magischen Orts.

OBERBAYERN AUF DEN PUNKT GEBRACHT

Weihrauch und Bierdunst

Wenn der Berg ruft, kommen alle, die dürsten: ob nach Gnade oder Geselligkeit, Gebet oder Gerstensaft. Kloster Andechs, der Heilige Berg, der bayerische Olymp, von weither sichtbar über dem Ammersee inmitten des Fünf-Seen-Landes gelegen, ist seit mehr als einem halben Jahrtausend ein Ziel für Pilger – und seit vielen Jahren auch für Biergartenfreunde.

177 Meter über dem Ostufer des Ammersee thront das Kloster, das 1438 zunächst als Augustinerstift gegründet und 20 Jahre später in ein Benediktinerkloster umgewandelt wurde. Wichtigstes Ziel der 250 000 Besucher jährlich ist die Klosterkirche mit dem berühmten Gnadenbild der Muttergottes, den opulenten Fresken – und natürlich das leckere Bier. Schon lange vor Kloster und Kirche war Andechs ein Wallfahrtsziel. Im 10. Jahrhundert brachte Graf Rasso aus dem Heiligen Land Reliquien mit, Grundstock des Andechser Heiltumsschatzes und Grundlage des ehrenvollen Namens Heiliger Berg. Später beanspruchte Andechs sogar für sich, im Besitz der Heiligen Vorhaut von Jesus zu sein. Strategisch und spirituell war dieser magisch anmutende Ort schon seit jeher von Bedeutung. Andechs gilt deshalb, neben Altötting, als der älteste und bedeutendste Wallfahrtsort Bayerns.

Gastfreundschaft wird hier seit gut 550 Jahren groß geschrieben. Nach der Regel des heiligen Benedikt – „alle Fremden, die kommen, sollen aufgenommen werden wie Christus" – wurden Pilger seit jeher von den Mönchen verköstigt. Heutzutage sieht das freilich etwas anders aus. Pilger mit religiösen Motiven scheinen besonders an heißen Sommertagen in der Unterzahl, während die mit lukullischen Beweggründen die weitläufige Sonnenterrasse bevölkern und das mit großem und lautstarkem Hallo. Zwar bleiben oktoberfestähnliche Zustände wie nackte Oberkörper oder blanke Busen auch nach mehreren Maß aus, doch von der Würde eines Klosters ist bei rappelvoller Belagerung, derben Sprüchen und vulgärer Gestik so manches Mal wenig übrig.

Der traditionsreiche „Klostergasthof" gilt als genauso alt wie das Kloster selbst. Als erfolgreiches Wirtschaftsunternehmen kann Kloster Andechs alle finanziellen Mittel für die Versorgung und den Unterhalt der Abtei St. Bonifaz in München und Andechs selbst aufbringen. Es bekommt keine Zuweisungen aus Kirchensteuermitteln. Das von Mönchen und Mitarbeitern erstellte Leitbild bringt die Unternehmenskultur des Klosterbetriebs auf den Punkt: Unsere Tradition ist es, fortschrittlich zu sein; unseren Fortschritt verdanken wir einer großen Tradition. Daraus resultiert das Handeln der Klosterschaft, in der Gegenwart die Basis für die Zukunft zu schaffen.

Die Andechser Faszination ist, dass Andechs nicht nur ein Wallfahrts- und Genussort ist, sondern Bayern im Kleinformat darstellt. Man findet alles, was Oberbayern ausmacht: Bier, Berge, Barock und Religion. Die Gegend kommt einer Ideallandschaft gleich, mit Alpenkulisse und Hügeln, üppigem Baumbestand und satten Wiesen. Mensch und Tier fügen sich in diese wunderschöne, bucklige Welt ebenso ein wie die krummen Wege und versteckten Dörfer. Über den Dingen steht nur Andechs mit seinem Berg und Kloster.

ADRESSEN

***Kloster Andechs**, Bergstraße 2, 82346 Andechs, Tel. 0 81 52/37 60, www.andechs.de*
***Klostergasthof Andechs**, Bergstraße 9, Tel. 0 81 52/9 30 90, www.klostergasthof.de*

Maßstab 1:200.000
0 2 4km
01
02
03
Ammersee
Starnberger See
Wörthsee
Pfaffenwinkel
Fuchstal
Landsberg am Lech
Kaufering
Igling
Weil
Penzing
Pürgen
Schwifting
Geltendorf
Türkenfeld
Kottgeisering
Grafrath
Eresing
Eching am Ammersee
Windach
Greifenberg
Schondorf am Ammersee
Utting am Ammersee
Finning
Hofstetten
Inning am Ammersee
Herrsching am Ammersee
Andechs
Dießen am Ammersee
Seefeld
Weßling
Gilching
Gauting
Krailling
Gräfelfing
Planegg
Neuried
Pullach im Isartal
Baierbrunn
Starnberg
Pöcking
Feldafing
Berg
Tutzing
Bernried
Seeshaupt
Münsing
Icking
Schäftlarn
Straßlach-Dingharting
Egling
Wolfratshausen
Geretsried
Eurasburg
Königsdorf
Weilheim in Oberbayern
Pähl
Raisting
Wielenbach
Wessobrunn
Vilgertshofen
Reichling
Denklingen
Apfeldorf
Rott
Hohenfurch
Schwabsoien
Altenstadt
Schongau
Peiting
Hohenpeißenberg
Peißenberg
Polling
Romantische Straße
Sisi-Straße

Die besten Aussichten …

... auf weit mehr als nur fünf Gewässer mit schönen Strandbuchten hat der Liebhaber im Fünf-Seen-Land, ob vom Radl, aus dem Auto, vom Ausflugsdampfer oder gleich vom Segelboot oder Surfbrett. Mondäne Villen und geranienbehangene Bauernhöfe, Stege und Biergärten geben den klaren und sauberen Seen zwischen Starnberg und Dießen ein selten schönes Gesicht. Abseits davon lohnt ein Ausflug nach Landsberg.

01 STARNBERGER SEE

Die Lage des 56,36 km² großen „Fürstensees“ zwischen München und dem Alpenkamm ist phantastisch, der Blick gen Süden ein Traum, besonders, wenn der Föhn die Berge ganz nah an den See heranrückt.

Sehenswert

Starnberg ist Namengeber und mit 23 000 Einw. auch Hauptort am See. Das Schloss, ab dem 16. Jh. Sommerresidenz der Bayerischen Herzöge und heute Finanzamt, steht seit dem 11. Jh. erhaben über dem Villenort. Die 1770 geweihte Pfarrkirche St. Joseph zeigt einen Rokokoaltar von Ignaz Günther. Und auch das „Undosa“ sollte man besuchen; so nennt sich die berühmteste Badeanstalt mit Restaurant am See, südlich der Dampferanlegestelle. Ein Ausflug führt nördl. nach **Mühltal** zum „Grab der Seherin“, größtes von 29 keltischen Gräber auf einem Hügel nahe des Bahnhofs.

Ohne Ludwig II. wäre **Berg** (8200 Einw.) wohl noch ein Bauern- und Fischerdorf. Aber mit drei Schlössern, das nach 1945 wiederhergestellte Berg (Wittelsbacherbesitz) und die heute privaten in **Allmannshausen** und Kempfenhausen, und der Votivkapelle (1900) nebst dem eisenumfassten Holzkreuz an jener Stelle, wo der „Kini“ zu Tode kam, wurde ein Sightseeing-Spot mit heutzutage hoher Villendichte daraus. Wer zum Baden nach Berg fährt, meint **Kempfenhausen** mit seinem 70 000 m² großen Erholungsgelände.

Münsing (4100 Einw.) war und ist ein Magnet für Künstler: ob einst für Wilhelm Busch, Rainer Maria Rilke, Frank Wedekind oder heute für Sepp Bierbichler, Patrick Süßkind und Waldemar Bonsels, Autor der weltbekannten „Biene Maja“. Im **Schloss Ammerland** (Urspr. 17. Jh., Privatbesitz) lud Graf Pocci im 19. Jh. zur musischen Begegnung.

Carl Spitzweg hat dem Ort (2900 Einw.) um 1880 mit seinem Bild „Ankunft in **Seeshaupt**“ ein Denkmal gesetzt. Die Lage am Südende des Sees ist so schön wie der Strand bei den Seeseiten.

Ob mit seinem Neorenaissanceschloss (Urspr. 12. und 18. Jh.), urspr. ein Stift, das seit 1949 von Benediktinern wieder als Kloster genutzt wird, der Hofmarkskirche (Urspr. 14. Jh.) oder ansehnlichen Holzhäusern: **Bernried** (2200 Einw.) „hat etwas“ – auch das schöne Strandbad An der Mühle.

Der Ortsname **Tutzing** (9500 Einw.) wird heutzutage fast synonym für die im barocken Schloss ansässige Evangelische Akademie verwendet, wo regelmäßig Größen aus Kirche, Politik und Wirtschaft Symposien abhalten. Auch die bundesweit bedeutende Akademie für politische Bildung hat ihren Sitz in Tutzing, in der Villa Buchensee. Es gibt zwei Strandbäder und den schönsten Seeblick von oben: von der Ilka-Höhe aus 726 m.

Feldafing (4400 Einw.) steht im Zeichen von Joseph von Lenné. Der preußische Gartenbaudirektor schuf den Landschaftspark und die Gartenanlage auf der **Roseninsel,** wo König Maximilian II. um 1850 eine Villa im pompejanischen Stil erbauen ließ (Fähre Norbert Pohlus, Tel. 01 71/7 22 22 66, www.faehre-roseninsel.de; Mai–Mitte Okt. tgl. 10.00/11.00–18.00 Uhr). Das Strandbad liegt gleich neben dem Segelklub.

Pöcking (5700 Einw.) ist durch **Possenhofen** (mit dem Strandbad Paradies) bekannt. Die spätere Kaiserin Elisabeth von Österreich (1837–1898) wuchs als Tochter des Herzogs Max Joseph in Bayern im dortigen Schloss (Urspr. 16. Jh., Privatbesitz) auf. „Sisi“-Fans wandeln bis heute schwärmerisch auf ihren Spuren, während in den 1950er-Jahren der Verhaltensforscher Konrad Lorenz mit seinen Graugänsen am Eßsee bei **Seewiesen** spazieren ging. Das Max-Planck-Institut für Ornithologie hat noch heute dort seinen Sitz.

Museen

Das **Buchheim Museum** trägt den Zusatz Museum der Phantasie. In dem modernen Günter-Behnisch-Bau (1999) ist Heiteres ebenso ausgestellt wie Volkskundliches aus Afrika oder Asien und die berühmte Expressionistensammlung (Am Hirschgarten 1, Bernried, Tel. 0 81 58/9 97 00, www.buchheimmuseum.de; April–Okt. Di.–So. und Fei. 10.00–18.00, sonst Di.–So. und Fei. 10.00–17.00 Uhr).

Das **Museum Starnberger See** ist ländlicher Lebens- und Arbeitswelt und höfischer Schifffahrt gewidmet (Possenhofener Straße 5, Starnberg, Tel. 0 81 51/4 47 75 70, www.museum-starnberger-see.de; Di.–So. 10.00–17.00 Uhr).

Tipp

Auf dem gelben Wagen

Einmal um den Starnberger See oder auf König Ludwigs Spuren von Berg bis Neuschwanstein und wieder zurück – das hört sich gut an. Aber wenn man die beiden Touren in zwei oder vier Tagen mit einer original Pferde-Postkutsche am See oder durch Wälder auf stillen Seitenwegen machen kann, klingt es unwiderstehlich …

Komplettprogramme bietet Coaching in Bavaria, Andreas Nemitz, Kerschlach 6, 82396 Pähl, Tel. 0 88 08/386, www.coaching-in-bavaria.com

Die Votivkapelle erinnert in Berg an Ludwig II.

Veranstaltungen

König-Ludwig-Fans pilgern jedes Jahr nach Berg in die Votivkapelle, wo am Todestag (13. Juni) oder dem folgenden So. eine **Gedenkmesse** gehalten wird.

Romantischer als bei den **Roseninsel-Serenaden** kann man kaum Musik hören (Mai–Aug.; Programm beim Tourismusverband).

Aktivitäten

Über **Schiffsausflüge** informiert die Bayerische Seenschifffahrt (Tel. 0 81 51/80 61, www.seen schifffahrt.de). **Bootsverleih** für Elektro-, Ruder- oder Tretboote gibt es u. a. in Starnberg (Schopp, Tel. 0 81 51/1 62 52), Berg (Gastl, Tel. 0 81 51/56 85), Münsing (Just, Tel. 0 81 77/85 40), Seeshaupt (Lidl, Tel. 0 88 01/12 58) und Bernried (Hubl, Tel. 0 81 58/13 13). **Fahrradverleih** haben Starnberg (Radhaus, Tel. 0 81 51/1 67 14), Bernried (Mayr, Tel. 0 81 58/80 45) und Tutzing (Dillitzer, Tel. 0 81 58/62 47). Für Golfer ist der Golf-Club Feldafing eine der schönsten Adressen in Oberbayern (Tutzinger Straße 15, Tel. 0 81 57/9 33 40, www.golfclub-feldafing.de).

Hotel und Restaurant

Erhaben über dem See und alles in Bio: **€€€/€€€€ Schlossgut Oberambach** (Oberambach 1, 82541 Münsing, Tel./Fax 0 81 77/93 24 00, www.schlossgut.de).

Infos

Manchmal hockt der Besitzer und Schauspieler Sepp Bierbichler selbst im Biergarten des **€/€€ Gasthauses Zum Fischmeister** (Seeuferstraße 31, 82541 Ambach, Tel. 0 81 77/533).

Information

Tourismusverband Starnberger Fünf-Seen-Land, Wittelsbacherstraße 2c, 82319 Starnberg, Tel. 0 81 51/9 06 00, Fax 0 81 51/90 60 90, www.sta5.de und www.starnbergersee-info.de

02 AMMERSEE

Die heutige idyllische 46,6 km² große Sommerfrische des Münchner Ballungsraums ist seit jeher bei Künstlern beliebt und entstand einst aus eiszeitlichen Schmelzgewässern. Meist günstige Windverhältnisse ermöglichen im Sommer ausgedehnten Segel- und Surfbetrieb.

Sehenswert

Herrsching (10 000 Einw.) bietet einen 10 km langen Seeuferweg, Schloss Mühlfeld (Urspr. 16. Jh.) und besonders das 1889 errichtete Kurparkschlössl für Romantiker sowie auf einem Hügel das Wahrzeichen, die Martinskirche (Urspr. 11. Jh.). Badegäste gehen zum Seebad Seewinkel, Bierpilger nehmen einen der Busse (Linien 951 und 956) oder brechen zu Fuß nach **Andechs** ▶**TOPZIEL** auf. Nach 90 Min. sind sie am berühmten Kloster, wo es Kirchen-, Brauerei-, Brennerei- und Kräutergartenführungen gibt (s. S. 106).

Dießen ist nur wenig kleiner als Herrsching. Als Wichtigstes im Markt gilt der „Dießener Himmel", die Deckengemälde im Marienmünster; die ehem. Stiftskirche wurde 1739 vollendet und zählt zu den eindrucksvollsten Barockkirchen Süddeutschlands. Zum Baden geht es die Jahnstraße hinunter zum Strandbad. Gut 5 km weiter, südl. von Raisting, lohnt zumindest das Vorbeifahren an der Erdfunkstelle (Führungen nach Anmeld. unter Tel. 08 81/26 91).

Utting (2200 Einw.) war wie die gesamte Region bereits frühgeschichtlicher Siedlungsraum. Daran erinnern die Wallreste einer 100 mal 150 m großen keltischen Viereckanlage in Trapezform aus dem 2. Jh.

Museum

Im **Carl-Orff-Museum** kommen Musikfreunde Leben und Werk des Komponisten und Musikpädagogen (1895–1982) näher (Hofmark 3, Tel. 0 88 07/9 19 81, www.orff-museum.de; Sa. und So. 14.00–17.00 Uhr).

Aktivitäten

Den besten und schönsten Überblick bekommt man an Bord der „Herrsching" (2002) oder „Dießen" (1908/2006). Die beiden Schaufelraddampfer durchpflügen den 16 km langen See und bieten maximal 100 Passagieren ein historisches Ambiente (Bayerische Seenschifffahrt, Tel. 0 81 43/9 40 21, www.seenschifffahrt.de). Bootsverleih für Elektro-, Ruder- oder Tretboote haben Herrsching (Stumbaum, Tel. 0 81 52/13 75), Dießen (Gastl, Tel. 0 88 07/84 95), Utting (Ernst, Tel. 0 88 06/76 61), Schondorf (Schwarz, Tel. 0 81 92/215) und Inning (Böck, Tel. 0 81 43/449). Leihfahrräder stehen in Herrsching (K 68, Tel. 0 81 52/9 99 99 98), Andechs (Bichler, Tel. 0 81 52/23 67) und Dießen (Ludwig, Tel. 0 88 07/42 67) bereit.

Das breite Lechwehr gehört seit über 600 Jahren zum Stadtbild von Landsberg

Hotel und Restaurant

Einen hauseigenen Badesteg hat man nur im **€€/€€€ Ammersee-Hotel** (Summerstraße 32, 82211 Herrsching, Tel. 0 81 52/9 68 70, Fax 0 81 52/53 74, www.ammersee-hotel.de).

Die **€/€€ Gaststätte Aidenried** glänzt mit seinem Biergarten in bester Lage am See (Seestraße 41, 82396 Fischen, Tel. 0 88 08/524, www.gaststaette-aidenried.de).

Umgebung

Zum Baden geht man in den Paradieswinkel am Südufer des **Wörthsees.** Auf der Mausinsel im See steht ein Schloss aus dem 18. Jh.; das Eiland ist zwar für nicht zugänglich, aber mit dem Ruderboot vorbeizugleiten lohnt sich (Bootsverleih, Tel. 0 81 43/9 30 70).

Seefeld (7000 Einw.) am **Pilsensee** bietet einen schönen Badeplatz und ein im Lauf seiner Geschichte immer wieder umgestaltetes Schloss (Urspr. um 1300), das hoch über dem Wasser thront (Kunstgewerbe und Antiquitäten im Schlosshof, Bräustüberl und Biergarten). Von München kommend, fährt man durch eine der letzten Eichenalleen Süddeutschlands darauf zu.

Dunkles, warmes Seewasser und Schilfzonen: Der Badestrand **Weßlings** (5200 Einw.) liegt am Ostufer des gleichnamigen Sees, der Pfarrstadl (um 1500) nebst der Kirche Maria Himmelfahrt am Westufer.

Tipp

In rasenden Kisten

Die Petigars Voiturette, Baujahr 1898 mit 8 PS, und der Rolls Royce S-Ghost, Baujahr 1919 mit unglaublicher 7,5-l-Maschine, waren die Stars bei der letzten Herkomer-Konkurrenz in Landsberg. Die älteste Rallye der Welt, 1905 vom autofaszinierten Hubert von Herkomer ins Leben gerufen, wurde 1997 für Fahrzeuge, die vor 1930 gebaut wurden, wiederbelebt.

Stadt Landsberg, Tel. 0 81 91/12 80, www.herkomer-konkurrenz.de; nächster Start im Sommer 2011 und dann wieder alle 2 Jahre

DuMont Aktiv

Information

Tourismusverband Starnberger Fünf-Seen-Land, Wittelsbacherstraße 2c, 82319 Starnberg, Tel. 0 81 51/9 06 00, Fax 0 81 51/90 60 90, www.sta5.de und www.starnbergersee-info.de

03 LANDSBERG AM LECH

Die Große Kreisstadt mit nahezu 28 000 Einw. beeindruckt mit ihrem alten Zentrum, weshalb sie auch gern als Bayerisches Rothenburg bezeichnet wird. Im Schatten einer von Heinrich dem Löwen gegründeten herzoglichen-bayerischen Grenzburg entstand im 13. Jh. an der hier den Lech überschreitenden Salzstraße die Stadt (Stadtrecht 1320). Das Stadtbild dokumentiert bis heute den dem Weißen Gold bis ins 17. Jh. zu verdankenden Wohlstand. In der schlossartigen Justizvollzugsanstalt verbüßten Anf. der 1920er-Jahre die Putschisten und späteren Nazigrößen Rudolf Heß, Adolf Hitler und Gregor Strasser ihre „Festungshaft“.

Sehenswert

Erhalten blieben **Türme, Tore und Teile der Stadtbefestigung** (überw. 15. Jh.), darunter das 36 m hohe und besteigbare gotische **Bayertor** (1425) und der **Schmalzturm** aus dem 13. Jh. Einen schöner Blick ergibt sich auch vom **Landsberger Jungfernsprung** (14. Jh.), einem Turm der südlichen Stadtmauer. Vom dreieckigen Hauptplatz mit Altem, 1719 von Dominikus Zimmermann stuckierten **Rathaus** und Marienbrunnen (1783) ist es nur ein Katzensprung zu den **Salzstadln** am Fluss; die ehem. Lagerhäuser (14.–18. Jh.) wurden gelungem in Einfamilienhäuser umgewandelt. Dominant erhebt sich die **Heilig-Kreuz-Kirche** über der Stadt, einst eine Jesuitenkirche (18. Jh.). Die **Stadtpfarrkirche Unserer Lieben Frau** aus dem 15. Jh. wurde um 1700 barockisiert.

Museen

Die ehem. jesuitische Niederlassung (1693) beherbergt heute das **Stadtmuseum** (Von-Helfenstein-Gasse 426, Tel. 0 81 91/12 83 60, www.museum-landsberg.de; Di.–Fr. 14.00–17.00, Sa. So. und Fei. 10.00–17.00 Uhr). Im Mutterturm (1888) erinnert ein **Museum** an den für Porträts bekannten deutsch-englischen Maler **Hubert von Herkomer** (1849–1914; Von-Kühlmann-Straße 2, Tel. 0 81 91/12 83 60, www.museum-landsberg.de; Di.–So. 14.00–17.00 Uhr).

Information

Kultur- und Fremdenverkehrsamt, Hauptplatz 152, 86899 Landsberg am Lech, Tel. 0 81 91/12 82 46, Fax 0 81 91/12 81 60, www.landsberg.de

Mit vollen Segeln

Hochseesegler rümpfen über Binnensegler oft leicht überheblich die Nase, wenn diese auf ihrer bevorzugten „Pfütze“ von einem lauen Lüftchen angeschoben werden. Zum Genießen, ohne übermäßige sportliche Ambitionen, aber dafür mit Picknick an Bord, und vor allem auch zum Schnuppern, wie das Segeln eigentlich geht, stellen 5636 Hektar wie die des Starnberger Sees jedoch ein ideales Revier dar.

Josef ist der „Ankermann“. Elisabeth holt Fender und Leinen ein, Anton hat das Kommando: „Leinen los!“ Langsam füllt der Wind die Segel, und die kleine Jacht durchschneidet bayerischblaues Wasser. Es geht gen Süden. Die Regeln an Bord sind einfach: 1. Recht hat immer der Kapitän. 2. Sollte er einmal nicht Recht haben, tritt sofort Regel 1 in Kraft. Aha, alles klar ...

Auf Höhe der Roseninsel lässt Anton ein Mann-über-Bord-Manöver fahren – das kann man nicht oft genüg üben. „Kämpfe nicht mit der Jacht“, empfiehlt er. „Gehe sanft und streng zugleich mit ihr um – wie mit einer Frau.“ Macho Anton spürt die strafenden Blicke von Elisabeth, lenkt also schnell und charmant ein: „Ich hab' doch nur Spaß gemacht! – Aber ihr wisst jetzt, was ich meine, oder?“ Die leichte Brise hat etwas aufgefrischt. Anton freut sich. Auf seinem T-Shirt steht: „Segle mehr, arbeite weniger“.

WEITERE INFORMATIONEN

Im Fünf-Seen-Land gibt es neun Segelschulen, darunter die älteste Binnen-Segelschule Deutschlands, am Ammersee (Dießen und Utting) und fünf am Starnberger See (Bernried, Münsing, Tutzing und Starnberg; vollständige Anschriften auf der Internetseite www.sta5.de unter den Stichworten Tourismus, Reiseführer, Freizeit und Sport, Wassersport, Segel- und Sportbootschulen).

Service

ANREISE

München ist für alle, die nicht südlicher wohnen und von dort anreisen, der Ausgangspunkt zu den in diesem Band vorgestellten oberbayerischen Zielen. Man erreicht München ...

Mit dem Auto: Von Norden auf der A9 über Nürnberg, von Westen auf der A8 über Stuttgart und Augsburg oder über die A96 über Lindau und von Osten auf der A92 über Landshut. Ab München sind die wichtigsten Ausfallstraßen die A8 Richtung Salzburg mit Ausfahrt Holzkirchen fürs Tegernseer Tal, die A95 und B13 in Richtung Bad Tölz, die A95 für das Blaue Land (Ausfahrten Sindelsdorf, Murnau/Kochel oder Eschenlohe) und auch weiter nach Garmisch-Partenkirchen und ins Werdenfelser Land. Auch den Pfaffenwinkel kann man auf der A95 (Ausfahrt Seeshaupt) oder der B2 Richtung Weilheim erreichen. Das Fünf-Seen-Land liegt ebenfalls an der A95 (Ausfahrten Wolfratshausen und Seeshaupt), dem Abzweiger A952 nach Starnberg und der A96 Richtung Lindau mit den Ausfahrten Oberpfaffenhofen, Wörthsee und Inning.

Mit dem Bus: Nach München gibt es zahlreiche Verbindungen aus ganz Deutschland. Ebenso viele Weiterfahrten mit Zielen in Oberbayern stehen zur Verfügung. Informationen dazu gibt es im Reisecenter des Zentralen Omnibusbahnhofs (ZOB, 1. Etage, Hackerbrücke 4, 80335 München, Tel. 0 89/88 98 95 13, Fax 0 89/54 58 70 21, www.touring.de).

Mit dem Flugzeug: Der Flughafen Franz Josef Strauß unterhält zu jedem anderen deutschen Verkehrsflughafen, zum Teil mehrfach tgl., Verbindungen und ist nach Frankfurt/Main die zweite internationale Drehscheibe der Lufthansa. Die S1 und S8 verbinden mit dem Münchner Hauptbahnhof und der Innenstadt.

Mit dem Zug: Es verkehren von allen Großstädten in Deutschland, u.a. tgl. direkte ICE von Berlin, Hamburg, Hannover, Bremen, Köln, Dortmund, Leipzig, Frankfurt/M. und Stuttgart. Auch per Auto-Zug ist München über den Ostbahnhof erreichbar, tgl. von Berlin und Hamburg (Infos: www.bahn.de, www.dbautozug.de). Eine Weiterreise per Zug ist an den Tegernsee und Schliersee möglich, nach Bayrischzell, Bad Tölz, Lenggries und Benediktbeuern, Murnau, Oberammergau, Farchant, Garmisch-Partenkirchen, Klais und Mittenwald, Weilheim, Peißenberg und Schongau. Starnberger und Ammersee sind im 20-Min.-Takt per Münchner S-Bahn erreichbar; die S6 hält in Starnberg, Possenhofen, Feldafing und Tutzing, die S8 – ab Flughafen über Hauptbahnhof – in Herrsching und Seefeld. Von den Bahnhöfen verkehren in der Regel Busse zu den Dörfern der Umgebung. Sogar die abgeschiedene Jachenau ist per Bus erreichbar, mit Linie 9595 ab Lenggries.

Östlich von Murnau breitet sich der Riegsee aus – mit spätherbstlichen Voralpen als Hintergrund

Seinen persönlichen Bahnreiseplan kann man mit Hilfe von www.bayern-fahrplan.de bequem bereits zu Hause anfertigen (www.bahn.de/regional/view/regionen/bayern/freizeit/bayern ticket.shtml). Besonders für Familien ist das Bayern-Ticket interessant: Bis zu 5 Personen reisen damit einen ganzen Tag in Nahverkehrszügen, Verkehrsverbünden und in zahlreichen Bussen für ab 28,00 €. Das Bayern-Single-Ticket für Einzelpersonen gibt es ab 20,00 €.

AUSKUNFT

Überregional gibt der Tourismusverband München-Oberbayern Informationen heraus (Radolfzeller Straße 15, 81243 München, Tel. 0 89/8 29 21 80, Fax 0 89/82 92 18 28, www.oberbayern.de). Die **regionalen** Fremdenverkehrsämter sind auf den Info-Seiten der jeweiligen Kapitel aufgeführt.

AUTOTOUREN

Auch wenn es gute Bahn- und Busverbindungen gibt, Oberbayern ist ein wunderbares Gebiet für Auto- und Motorradtouren. Unangefochtene Nummer eins ist die **Deutsche Alpenstraße,** die auf rund 500 km von Berchtesgaden an den Bodensee führt. Ein Teilstück ist die Strecke Bayrischzell–Schliersee–Gmund–Tegernsee–Rottach-Egern–Kreuth–Vorderriss–Wallgau–Krün–Garmisch-Partenkirchen–Ettal–Oberammergau–Steingaden–Schwangau. Es gibt knackige Kurven, Bergkulissen und Kultur-

Hierher kommen letztendlich alle: Andechser Biergarten

denkmäler zuhauf. Wer es gemütlich will, sollte auf jeden Fall zwei, besser drei Tage einplanen. Die Deutsche Alpenstraße wurde schon 1937 als eine der ersten Touristenstraßen ins Leben gerufen.
Unter den kurzen Touren lohnen sich die Bergstraßen **Kesselbergstraße** zwischen Kochel- und Walchensee, die **Sudelfeldstraße** oberhalb von Bayrischzell sowie **Seeumrundungen** vom Tegern-, Starnberger und Ammersee. Interessant und gut 100 km lang ist eine Seentour vom Ammersee übers Fünf-Seen-Land, die Osterseen, Staffel- und Riegsee zum Kochel- und Walchensee, Kesselbergstraße inklusive … Machbar an einem Tag, aber wer zwischendurch schwimmen gehen will, sollte entsprechende Zeit einplanen.

BERGNOT

Niemand wünscht es sich, aber es kann passieren, beim Klettern, einer Wanderung, beim Skifahren: Man gerät in Bergnot. In diesem Fall sollte man wissen, dass es das alpine Notsignal gibt. Geben Sie sechsmal in der Minute (alle 10 Sekunden) ein Zeichen durch Rufen oder Pfeifen, bei Dunkelheit mit der Taschenlampe. Die Notsignale sollten in Abständen von einer Minute solange wiederholt werden, bis Rufverbindung mit Helfern hergestellt ist. Wenn Sie bemerkt worden sind, antworten Ihnen die Retter mit einem dreimaligen Zeichen je Minute (alle 20 Sekunden).

Geschichte

Bis 500 v. Chr. Kelten wandern ins Alpenvorland ein.
15 v. Chr. Römer besetzen das Gebiet.
7. Jh. Irische und schottische Mönche christianisieren das Land.
788 Bayern wird Teil des karolingischen Frankenreichs.
1070 Bayern fällt an die Welfen.
1180 Bayern geht an die Wittelsbacher, nachdem auf dem Reichstag zu Gelnhausen die Reichsacht gegen den Welfenherzog Heinrich den Löwen verfügt wurde.
1314 Ludwig IV., Herzog von Bayern, wird Deutscher König. Bayern entwickelt sich langsam zur Großmacht in Europa. Ludwig IV. stirbt 1347.
1392 Bayerns Großmachtstellung geht zu Ende. Es wird in die Herzogtümer München, Ingolstadt und Landshut aufgeteilt.
16. Jh. Die Wittelsbacher widersetzen sich der Reformation und erhalten den Katholizismus in Bayern. München entwickelt sich zu einem Zentrum der Renaissance und der Gegenreformation.
1618–1648 Bayern leidet schwer unter dem Dreißigjährigen Krieg, dazu kommt 1630 die Pest.
1634 Das erste Oberammergauer Passionsspiel findet statt, um Kriegsgefahr und Pest abzuwenden.
1701–1714 Bayern wird in den Spanischen Erbfolgekrieg verwickelt und in Folge dessen von Österreich besetzt.
1759 Die Bayerische Akademie der Wissenschaften wird gegründet.
1777 Mit Maximilian III. der „Vielgeliebte“, Kurfürst von Bayern, stirbt der letzte bayerische Wittelsbacher. Die bayerischen Stammlande erben die kurfürstlich-pfälzischen Wittelsbacher.
1803–1815 Bayern verbündet sich mit Napoleon. Bayern wird 1806 Königreich mit Maximilian I. als Regent.
1825 König Maximilian I. stirbt. Ludwig I. wird sein Nachfolger.
1848 König Maximilian II. übernimmt die Krone, nachdem sein Vater Ludwig I. wegen der Affäre mit Lola Montez abdankte – Anstoß erregten beispielsweise große Zuwendungen an die Geliebte des Königs.
1864 Maximilian II. stirbt. „Märchenkönig“ Ludwig II. wird sein Nachfolger.
1866 Bayern verliert an der Seite des Deutschen Bundes und damit Österreichs den Krieg gegen Preußen. König Ludwig II. gibt die bayerische Unabhängigkeit auf, unterstützt Preußen im Deutsch-Französischen Krieg 1870 und die Wahl des Preußenkönigs Wilhelm I. zum Deutschen Kaiser.
1869 Baubeginn von Neuschwanstein und Linderhof, 1878 von Herrenchiemsee.
1886 Prinzregent Luitpold übernimmt als Bruder des entmündigten Ludwig II. die Regierungsgeschäfte.
1900 München hat 500 000 Einw. und ist eines der wichtigsten Kunstzentren in Europa.
1913 Nach dem Tod des Prinzregenten 1912 wird sein Sohn als Ludwig III. letzter bayerischer König.
1914–1918 Erster Weltkrieg. Nachdem die Novemberrevolution ein Ende des Kaiserreichs und der Fürstenherrschaft in den deutschen Ländern brachte, verläßt König Ludwig III. für anderthalb Jahre Bayern. Der Freistaat Bayern wird ausgerufen.
1919 Die Münchner Räterepublik wird ausgerufen und kurz danach zerschlagen.
1923 Der Marsch auf die Feldherrnhalle, und damit der Hitlerputsch, scheitert. München bleibt Sitz der NSDAP.
1933 Machtübernahme der NSDAP mit Adolf Hitler als Führer. Hitler ernennt München 1935 zur „Hauptstadt der Bewegung“. In Dachau entsteht 1933 das erste Konzentrationslager in Deutschland.
1936 Olympische Winterspiele in Garmisch-Partenkirchen.
1939–1945 Zweiter Weltkrieg. Nach dem Ende besetzen US-Truppen München und Oberbayern. Zigtausende Heimatvertriebene und Flüchtlingen siedeln sich an.
1946 München wird Hauptstadt des Freistaats Bayern.
1957 München hat eine Million Einw.
1972 Olympische Sommerspiele in München.
1992 Über Nacht zieht der Münchner Flughafen um. Riem wird abends geschlossen, der neue Flughafen Franz Josef Strauß am nächsten Morgen eröffnet.
2006 In München wird das Eröffnungsspiel der 18. Fußball-Weltmeisterschaft und das Halbfinalspiel angepfiffen.
2007 Zum Jahresende bewerben sich München (Eissportarten), Garmisch-Partenkirchen (alpine und nordische Wettbewerbe) und Schönau am Königssee (Bob, Rodeln und Skeleton) um die Ausrichtung der Olympischen Winterspiele 2018. Die Entscheidung fällt 2011.
2009 Bei der Bundestagswahl verliert die Christlich-Soziale-Union den Nimbus, Bayern zu repräsentieren und bleibt erstmals deutlich unter der 50-Prozentmarke.

Service

ESSEN UND TRINKEN

Der wichtigste Unterschied zum übrigen Deutschland: Neben Frühstück, Mittag- und Abendessen gibt es die **Brotzeit.** Sie kann als zweites Frühstück eingenommen werden, am Nachmittag, ersetzt aber auch schon mal das Mittag- oder Abendessen. Bei einer Brotzeit ist die Auswahl klar definiert: Käse-, Wurst- und Schinkenplatten, Griebenschmalz- oder Butter-Schnittlauch-Brote und **Obazder** – ein reifer Camembert, der mit Butter, Salz, Pfeffer, Zwiebeln und Paprikapulver angemacht und aufs Schwarzbrot gestrichen wird. **Wurstsalat, Fleischpflanzl,** auf Hochdeutsch Frikadelle, **Leberkäs** – der weder etwas mit Leber noch mit Käse zu tun hat –, **Schweinswürstl,** auch Wollwürste (ohne Haut), Regensburger, Pfälzer oder Wiener sind ebenfalls Brotzeiten. **Weißwürste** gibt es nur bis 12.00 Uhr. Dazu, wie auch zum Leberkäs, nimmt man unbedingt süßen Senf. Und immer werden **Brezn** und Brot gereicht – sowie **Bier** natürlich. Mittags darf es auch mal ein **Radler** sein, das zur Hälfte aus Zitronenlimonade besteht. Mit einem Wein zur Brotzeit gibt man sich als Zugroaster, also Zugereister, zu erkennen.

Preiskategorien

€€€€	Hauptspeisen	über 20 €
€€€	Hauptspeisen	15–20 €
€€	Hauptspeisen	10–15 €
€	Hauptspeisen	5–10 €

Geht es um die oberbayerischen Klassiker schlechthin, die knusprige **Schweinshaxn** und den **Schweinsbraten,** ebenfalls nur gut mit einer reschen Kruste, dann ist es aus mit der Brotzeit. Jetzt beginnen die **großen Mahlzeiten.** Vereinfacht ausgedrückt, besteht das oberbayerische Essen aus viel (Schweine-) Fleisch – und häufig einem Bier dazu. Auch **Hendl** (Hähnchen), **Schnitzel** und **Ripperl** (Kassler) sowie Wildgerichte stehen nahezu auf jeder regional gefärbten Speisekarte. Ist Saison, werden auch gerne **Schwammerl** (Pilze) gegessen. Der Tafelspitz, in Oberbayern auch **Tellerfleisch** genannt, wurde aus Österreich übernommen, das **Kalbsschäuferl** (Schulterbraten) aus Franken, die **Kässpatzn** (Käsespätzle) aus dem Allgäu. **Züngerl** und **Beuscherl** dürften nicht jedermanns Sache sein: Es handelt sich dabei um nudelähnlich aufgeschnittene Innereien vom Herz, der Lunge und der Milz. An den Seen werden gern **Renke, Saibling** und **Forelle** auf die Speisekarten gesetzt – dazu darf dann auch ein Wein getrunken werden.

Unter den Beilagen sind **Semmel- und Kartoffelknödel** etwa zu Haxn und Braten, **Kartoffelsalat** zu Leberkäs und **Sauerkraut** und **Krautsalat** zu Würstl und Braten am beliebtesten. **Reiberdatschi** (Kartoffelpuffer) findet man heutzutage bedauerlicherweise kaum noch auf den Speisekarten.

Traditionell beginnt eine Mahlzeit mit einer deftigen klaren **Fleischbrühe,** etwa mit **Griesnockerl** (Griesklößchen) oder **Leberklößchen** als Einlage, und schließt zum Dessert mit einer **Bayerischen Creme** auf der Basis von Eigelb, Zucker und Sahne, **Dampfnudeln,** ein im Topf gegartes Hefegebäck in Vanillesauce, oder **Zwetschgenpavesen** aus Zwetschgenmus, alten Semmeln, Milch, Eiern, Semmelbröseln, Butterschmalz, Zucker und Zimt.

Empfehlungen: Auf den Info-Seiten der einzelnen Kapitel sind Restaurants und Gasthöfe ohne Anspruch auf Vollständigkeit genannt.

Tipp

Zum Weiterlesen …

Wer Oberbayern verstehen will, sollte sich mit Ludwig Thoma beschäftigen. Der Urbayer wurde 1867 in Oberammergau geboren und verstarb 1921 in Rottach-Egern. Seine Texte sind mal realistisch, mal satirisch, und obgleich schon rund ein Jahrhundert alt, von einer verblüffenden Zeitlosigkeit. Sie sind lustig, aber mit Verstand erzählt, einfach und dennoch komplex. Als unterhaltsamste Ludwig-Thoma-Lektüre sind die „Lausbubengeschichten" von 1905 zu empfehlen. Darin hält der junge Ludwig sein ganzes oberbayerisches Heimatdorf in Atem. Ob Verwandte oder Honoratioren, Ludwig findet immer den passenden Scherz, der die Figuren entlarvt. Verständnis findet der kleine Lausbub nur bei seinem Patenonkel, dem Landtagsabgeordneten Josef Filser. Das Buch wurde 1964 erfolgreich mit Hansi Kraus in der Hauptrolle verfilmt.

Ein Fischerboot auf dem Starnberger See

FESTE UND FEIERTAGE

Religiöse und politische Feiertage: Neujahr am 1. Januar, Heilige Drei Könige (6. Jan.), Karfreitag, Ostertage, 1. Mai, Christi Himmelfahrt, Pfingsten, Fronleichnam, Maria Himmelfahrt am 15. Aug., 3. Okt., Allerheiligen (1. Nov.), Heiligabend und Weihnachtsfeiertage.

Unter Feste fällt auch der **Fasching** im Febr., der sich im öffentlichen Leben weitgehend auf Faschingssonntag bis -dienstag (vor Aschermittwoch) beschränkt. Traditionell findet der oberbayerische Fasching, abgesehen von den letzten drei heißen Tagen, im Saal beim Ball und nicht auf der Straße mit Umzügen statt. Ausnahmen bestätigen die Regel: Zu den buntesten Umzügen gehören die in Garmisch-Partenkirchen jeweils ab 7. Jan. Sehr lustig ist Faschingssonntag der Skifasching am Spitzingsee.

Am Ostermontag finden vielerorts **Georgiritte** statt, zu Ehren des hl. Georg. Und am 1. Mai hat das **Maibaumaufstellen** fast überall Tradition. Bis heute darf der Maibaum entwendet werden. Meist geschieht dies von Burschen des Nachbarorts, die mit Brotzeit und Bier entlohnt werden müssen, wenn sie den Maibaum wieder herausgeben (s. auch S. 57).

Der Juni steht im Blickpunkt zahlreicher **Fronleichnamsprozessionen**, besonders prächtig ist die Seeprozession am Staffelsee in Seehausen. Ebenso bunt wird der **Almabtrieb** begangen, wenn im Herbst das Wetter schlecht wird, also meist im Okt.

Überall in Oberbayern wird zwischen Ammersee und Zugspitze am 6. Nov. der Schutzpatron der Tiere in Landwirtschaft und Haushalten am **Leonhardifestes** mit prächtig geschmückten Pferden und Kutschen geehrt.

Den Jahresschlusspunkt setzen im Dez. vielerorts die **Weihnachtsmärkte.** Besonders stimmungsvoll ist der Tölzer.

Beim Maibaumaufstellen sind viele Hände gefragt

REISEZEIT

Oberbayern ist eine Region, die man das ganze Jahr über bereisen kann, weil sie auch bei schlechtem Wetter durchaus einiges zu bieten hat. Im Allgemeinen ist die Zeit zwischen Ende April und Anf. Okt. wettermäßig recht sicher. Zwischen Mai und Sept. geht man noch weniger Schlechtwetterrisiko ein. Ist Föhn, also ein Tag mit dem berühmten warmen Fallwind aus dem Süden, dann kann es sogar im Nov. kurzzeitig Frühling werden oder der Dez. ein paar Tage stahlblauen Himmel haben.

Die Temperaturunterschiede zwischen Sommer und Winter sind enorm: 30 °C im Juli sind keine Seltenheit, minus 10 °C im Januar aber auch nicht ... Mittelwerte liegen im Winter um 0 °C, im Frühjahr und Herbst um 10–15 °C und im Sommer um 20–25 °C.

SOUVENIRS

Die Andenkenläden in touristischen Zentren sind voller Krimskrams: vom Hut mit Gamsbart über den Schnupftabak bis zu König-Ludwig-Darstellungen. Souvenirs sind etwas sehr Persönliches. Dem einen gefällt ein steinerner Maßkrug, der anderen ein Schmankerl-Paket oder einer der im Umfeld der Klöster destillierten Kräuterschnäpse. Ein Dritter nimmt ein echtes Charivari! Das ist eine Schmuckkette zur männlichen Tracht, die aus Silbermünzen und Medaillen, Hornscheiben, Tierpfoten oder Dachsbärten besteht. Sie wurde übrigens traditionell vorm Hosentürl getragen. Passende bayerische Lederhosen, aber auch Trachten, Dirndl oder Loden-Kleidung kauft man auf jeden Fall in entsprechenden Fachgeschäften gut und damit günstig ein.

SPORT

Bergsteigen und -wandern: Die Region ist durchzogen von ausgezeichneten Wanderrouten. Interessante Touren und Themenrouten präsentiert der Tourismusverband München-Oberbayern auf seiner Internetseite. Aktivitäten in den Bergen sind nicht ohne Risiko; Ungeübte sollten sich deshalb organisierten Touren oder Schulen (Garmisch-Partenkirchen, Oberaudorf) anvertrauen.

Radfahren Das Alpenvorland ist flacher als mancher vielleicht denken mag. Zwar gibt es kaum längere Touren ganz ohne Steigungen, aber vieler Orts geht es recht eben dahin. In nahezu allen Urlaubsorten ist auch der Verleih von Radln, wie man in Bayern sagt, möglich. Auf der Internetseite www.oberbayern.de, Rubrik Freizeit und Sport, Radeln, sind eine gute interaktive Radkarte zum Aussuchen der persönlichen Route und vielerlei Anregungen zu finden.

Wassersport: Die oberbayerischen Seen und Flüsse sind ein Paradies für alle Wasserfreunde. Das Angebot reicht von Naturstrand- und Erlebnisbädern über Bootsverleih, Segel-

Daten und Fakten

Verwaltung: Oberbayern ist mit über 17 500 km² und rund 4,3 Mio. Einw. der größte der sieben bayerischen Regierungsbezirke (mit 20 Landkreisen und den 3 kreisfreien Städten München, Ingolstadt und Rosenheim). Er reicht im Norden bis in die Gegend um Ingolstadt, grenzt im Osten bei Landshut an Niederbayern und an der Salzach an Österreich, im Süden ebenfalls an Österreich und im Westen an den Regierungsbezirk Schwaben jenseits des Lechs und an das Allgäu. Wenn allerdings im Allgemeinen von Oberbayern gesprochen wird, ist damit in der Regel die südliche Hälfte dieses politischen Gebildes gemeint und wird auch in diesem DuMont Bildatlas beschrieben: die Region südlich von München, das oberbayerische Alpenvorland. Dem Chiemgau und dem Berchtesgadener Land sind ein eigener DuMont Bildatlas gewidmet.

Landesnatur: Die Bayerischen Alpen sind Teil der Nördlichen Kalkalpen und wurden durch die letzte Eiszeit und deren Gletscher geprägt. Durch sie entstanden Seen und die typischen Talformen. Das nördlich vorgelagerte bayerische Alpenvorland besteht aus flachen und hügeligen Ausläufern. Auch hier haben die Eiszeiten eine Vielzahl abwechslungsreicher Landschaftsformen aus Moränenhügeln, schottrige Sandern und teilweise großen Seen hinterlassen. Außerdem entstanden teilweise großflächige, heute meist trockengelegte Moorregionen. Die Flüsse entwässern Richtung Nordosten in die Donau.

Bevölkerung: Etwa 80 % der Bevölkerung gehören der römisch-katholischen Kirche an, 20 % sind Protestanten, in keiner oder einer anderen Glaubensgemeinschaft.

Wirtschaft: Oberbayern ist traditionell bäuerlich geprägt, als Tourismusstandort allerdings mit großem Abstand die Nummer eins in Deutschland. Seine Hauptstadt München gehört zu den wichtigsten Wirtschaftszentren in Europa, hat den siebtgrößten Flughafen europaweit und den zweitgrößten in Deutschland. Der Großraum ist führender High-Tech-Standort der Republik und wichtiger Medienplatz. Weltkonzerne wie die Münchener Rück, Allianz, Siemens, Linde oder BMW und MAN haben ihren Hauptsitz an der Isar.

und Surfschulen bis zu Kajak- und Raftingtouren auf der Isar.

Wintersport: Zentren sind Bad Tölz, Bayrischzell mit Wendelstein und Sudelfeld, Garmisch-Partenkirchen mit der Zugspitze, Lenggries, Mittenwald, Schlier- und Spitzingsee und das Tegernseer Tal mit dem Wallberg. Eisstadien bieten Bad Tölz, Garmisch-Partenkirchen, Mittenwald und Rosenheim.

Preiskategorien

€€€€	Doppelzimmer	über 200 €
€€€	Doppelzimmer	150–200 €
€€	Doppelzimmer	100–150 €
€	Doppelzimmer	50–100 €

UNTERKUNFT

Hotels und Gasthöfe: Auf den Info-Seiten der einzelnen Kapitel sind ohne Anspruch auf Vollständigkeit einige Hotels und Gasthöfe genannt.

Jugendherbergen: Es gibt einige in der in dieser Ausgabe besprochenen Region, und zwar in Bad Tölz, Bayerischzell, Benediktbeuern, Garmisch-Partenkirchen, Kochel am See, Kreuth, Lenggries, Mittenwald, Oberammergau, Possenhofen, Schliersee, Urfeld am Walchensee und am Wörthsee (Informationen beim Deutschen Jugendherbergswerk, Landesverband Bayern, Mauerkircherstraße 5, 81679 München, Tel. 089/92 20 98 0, Fax 089/92 20 98 40, mail@djh-bayern.de, www.jugendherberge.de).

Urlaub auf dem Bauernhof: Das bedeutet schon mal frische Kuhmilch – mit vor allem für Städter gewöhnungsbedürftigen Geschmack! Heutzutage sind dessen ungeachtet die meisten Fremdenzimmer auf einem Bauernhof auf einen modernen Stand gebracht. Trotz vieler Tiere, manchmal Stallgeruch und dem Leben inmitten schöner Natur muss man meist nicht mehr auf TV und Bad verzichten. Eine Übersicht aller (gemeldeten) Anbieter von Urlaub auf dem Bauernhof, integriert in eine interaktive Karte, findet sich auf www.bauernhof-urlaub.com.

Urlaub für Behinderte: Mittlerweile sind viele öffentliche, aber auch private Einrichtungen auf die Belange von Gästen mit Handicap eingestellt. Genauere Informationen gibt die Bundesarbeitsgemeinschaft Selbsthilfe von Menschen mit Behinderung und chronischer Erkrankung und ihren Angehörigen (Kirchfeldstraße 149, 40215 Düsseldorf, Tel. 0211/31 00 60, Fax 0211/3 10 06 48, www.bag-selbsthilfe.de).

Urlaub mit Kindern: Die Bayern Tourismus Marketing Gesellschaft hat sich den Begriff Kinderland schützen lassen. Wo immer der Gast den Kinderland-Schriftzug mit dem Bären sieht, also bei rund 350 Gastgebern, weiß er, dass der Anbieter auf mindestens 50 Qualitätskriterien hin von unabhängigen Prüfern getestet wurde, um Kinder als Gäste zufriedenzustellen. Das gilt für einen Bauernhof, die Ferienwohnung, Hotels oder Campingplätze ebenso wie für Freizeitparks, Museen oder Spaßbäder. Auf der Internetseite www.kinderland.by kann man unverbindlich die aktuellen Kinderland-Prospekte bestellen oder als PDF-Datei herunterladen.

Hunderte Gipfel sind von der Zugspitze aus zu sehen

Register

Fette Ziffern verweisen auf Abbildungen

Impressum

1. Auflage 2010

Verlag: DuMont Reiseverlag, Postfach 3151, 73751 Ostfildern, Tel. 0711/4502-0, Fax 0711/4502-135, www.dumontreise.de
Geschäftsführer: Dr. Thomas Brinkmann, Dr. Stephanie Mair-Huydts
Programmleitung: Birgit Borowski
Redaktion: Horst Keppler
Text: Jochen Müssig, München
Exklusiv-Fotografie: Reinhard Eisele, Walchensee
Titelbild: LOOK-foto/Jan Greune (Wettersteingebirge mit Zugspitze)
Zusätzliches Bildmaterial: dpa/Karl-Josef Hildenbrand (S. 57 o.l.), DuMont Bildarchiv/Markus Heimbach (S. 87 o.), DuMont Bildarchiv/Katja Kreder (S. 86), Katja Kreder (S. 87 u., 88 u.r.), look/Jan Greune (S. 16/17, 66/67, 104 M.r.), look/Eva Kaschewski (S. 98 u.), look/Thomas Stankiewicz (S. 23 o.r.), look/H. & D. Zielske (S. 28 o.), Mauritius/Imagebroker/Jörg Reuther (S. 18/19), Mauritius/Uwe Umstätter (S. 95 u.r.), StockFood/Eising (S. 3, 33), laif/Stand (S. 99 o.)
Grafische Konzeption, Art Direktion: fpm factor product münchen
Layout: Cyclus · Visuelle Kommunikation, Stuttgart
Kartografie: © MAIRDUMONT GmbH & Co. KG, Ostfildern
DuMont Bildarchiv: Marco-Polo-Straße 1, 73760 Ostfildern, Tel. 0711/4502-266, Fax 0711/4502-1006, a.nebel@mairdumont.com

Für die Richtigkeit der in diesem DuMont Bildatlas angegebenen Daten – Adressen, Öffnungszeiten, Telefonnummern usw. – kann der Verlag keine Garantie übernehmen. Nachdruck, auch auszugsweise, nur mit vorheriger Genehmigung des Verlages. Erscheinungsweise: monatlich.

Anzeigenvermarktung: MAIRDUMONT MEDIA, Tel. 0711/4502333, Fax 0711/45021012, media@mairdumont.com, http://media.mairdumont.com
Vertrieb Zeitschriftenhandel: PARTNER Medienservices GmbH, Postfach 810420, 70521 Stuttgart, Tel. 0711/7252-212, Fax 0711/7252-320
Vertrieb Abonnement: Leserservice DuMont Bildatlas, Zenit Pressevertrieb GmbH, Postfach 810640, 70523 Stuttgart, Tel. 0180/5727252-265, Fax 0180/5727252-333, dumontreise@zenit-presse.de
Vertrieb Buchhandel und Einzelhefte: MAIRDUMONT GmbH & Co KG, Marco-Polo-Straße 1, 73760 Ostfildern, Tel. 0711/4502-0, Fax 0711/4502-340
Reproduktionen: PPP Pre Print Partner GmbH & Co. KG, Köln
Druck und buchbinderische Verarbeitung: NEEF + STUMME premium printing GmbH & Co. KG, Wittingen, Printed in Germany

Anzeigen

AlpspiX!

Hochgefühl oder Magenkribbeln – ungläubiges Staunen garantiert die Aussichtplattform AlpspiX auf alle Fälle. Am Fuße der Alpspitze ragen die beiden Stahlarme in Form eines „X" acht Meter frei schwebend über dem Abgrund – neigen sich einmal hinab Richtung Höllental und einmal himmelwärts Richtung Zugspitze. Auffahrt mit der Alpspitzbahn, nur 50 Meter von der Bergstation entfernt. Mehr Infos: **www.zugspitze.de**

Symbolbild: © www.pronatour.at

Statt Weilheim.

Einkaufen - Kultur erleben - Erholen

Stadt Weilheim i.OB
Weilheim-Info
Admiral-Hipper-Straße 20
82362 Weilheim i.OB
Tel.: (0881) 682-128, -129,- 136
Fax (0881) 682 123
weilheiminfo@weilheim.de
www.weilheim.de

Weilheim i. OB
Kulturstadt im Pfaffenwinkel

Urlaubsparadies
Ammersee
und Lech

Tourismusverband
Ammersee-Lech e.V.

Hauptplatz 152
86899 Landsberg am Lech

Tel. 08191/128 247
Fax: 08191/128 160

info@ammerseelech.de
www.ammerseelech.de

Natur und Kultur laden Sie ein!

Die sanfte Hügellandschaft im Gebiet Ammersee-Lech ist ein ideales Wander- und Radlerparadies.

Auch das Kulturangebot sucht seinesgleichen! Ob Konzerte im Marienmünster in Diessen, Theater auf der Seebühne in Utting oder internationale Orgelkonzerte in der Stadtpfarrkirche Mariä Himmelfahrt in Landsberg am Lech

– für jeden Genießer ist etwas dabei.

Bergerlebnis Herzogstand

Das Ausflugsziel zwischen München und Innsbruck

In nur 4 Minuten erreichen Sie in der Kabinenbahn (30 Personen) die Bergstation. Zum bayrisch-gemütlichen Berggasthof kommen Sie in ca. 10 Min. auf einem einfachen Weg.

Beachten Sie unsere günstigen Fahrpreise für Senioren, Familien, Gruppen und Gästekarteninhaber!

Wandern Sie auf den Spuren König Ludwig II.

Nicht umsonst besuchte König Ludwig II. den Herzogstand häufiger als jeden anderen Berg in seinem Königreich. Hier finden Sie Wanderwege für den Anfänger und den Gratweg zum Heimgarten für den Profi. Genießen Sie das vielleicht schönste Bergpanorama der bayrischen Alpen.

Besuchen Sie unseren Panorama-Naturlehrpfad:

Der erdgeschichtliche Themenweg erschließt den südlichen Teil des Herzogstan und erläutert Anhand zahlreicher Stationen wie die gewaltigen Kräfte der Gletscher und die Verschiebungen der Erdkruste die heutige Landschaft geformt haben. Erfahren Sie warum die Schutzwaldsanierung und die Lawinenverbauungen so wichtig sind. Oder wussten Sie schon, warum der Herzogstand einen besonderen Stellenwert für den Vogelschutz hat? Erkunden Sie alles wissenswerte über Flora und Fauna dieses unter besonderem Schutz stehenden Berges.

Herzogstandbahn GmbH
Am Tanneneck 6, 82432 Walchensee,
Telefon 08858/236 • Fax 08858/718
www.herzogstandbahn.de

***** HOTEL**

Bellevue

Das Privathotel mit liebenswürdigem Flair

Verbringen Sie erholsame Ferientage in unserem familiengeführten ***Haus im Herzen von Bad Wiessee

Hirschbergstraße 22, 83707 Bad Wiessee
Tel. 08022 / 664 90, Fax 08022 / 66 49 49
e-mail: info@hotel-bellevue-badwiessee.de
www.hotel-bellevue-badwiessee.de

infopoint
museen & schlösser
in bayern

MÜNCHNER KAISERBURG
ALTER HOF

Aktuelle Informationen und Ausstellungen zu über 1250 Museen und Schlössern in Bayern www.infopoint-museen-bayern.de

PRIEN
AM CHIEMSEE
Chiemsee Entdecken
3 Übernachtungen mit Frühstück und abwechslungsreichen Ausflügen
• schon ab 69 € in einer Privatpension
• schon ab 145 € im ***Hotel
Kur- und Tourismusbüro Prien · Alte Rathausstraße 11 · www.tourismus.prien.de

Muse|um

Mu|seh|um

Mu|säg|um

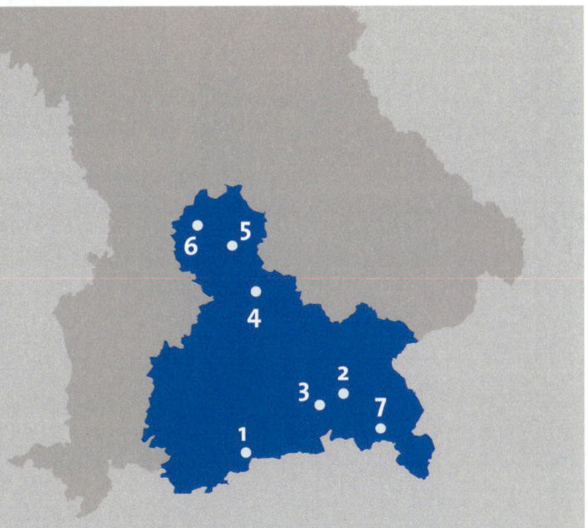
6
5
4
2
3
7
1

1

2

3

4

5

6

7

Jetzt GRATIS Ihr nächstes Heft sichern!*
DUMONT
BILDATLAS
www.dumontreise.de
6
Oberbayern
Genug von Ludwig?
Wir führen auch Louis.
HOLLYWOOD
Man sieht nur, was man weiß. DUMONT BILDATLAS.
Wählen Sie Ihre GRATIS-Ausgabe aus unserem umfangreichen Programm am Ende dieses Heftes.
Und dann schnell anfordern: www.dumontreise.de/gratis
oder anrufen: 01805 72 72 52-965**
*Wenn wir danach nichts von Ihnen hören, erhalten Sie den DUMONT BILDATLAS Monat für Monat. Bitte beachten Sie die Hinweise bei der Bestellung.
**14 Cent pro Minute aus dem deutschen Festnetz, Mobilfunkpreise können abweichen, betragen aber höchstens 42 Cent/Min. Erreichbarkeit: 8 – 20 Uhr von Montag – Freitag.
Der DUMONT BILDATLAS erscheint im DUMONT Reiseverlag GmbH & Co. KG, Dr. Stephanie Mair-Huydts, Marco-Polo-Straße 1, 73760 Ostfildern, Registergericht Stuttgart, HRA 212395.